老得可以告别孤独

蔡澜的乐活人生 卷三　　蔡澜 著

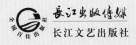
长江出版传媒
长江文艺出版社

香港人忙来干什么？忙来把时间储蓄，灵活运用，赠送给远方来访的友人。

年轻时，欢笑止于欢笑，对笑的认识太浅。到现在才知道真正悲哀时，眼泪是流不出来的。眼泪，只有在笑的时候，才淌下。

在献身电影二十年后，终于明白不可以做自己喜欢的电影，那种带着清新气息的电影，就如他的文章，有明人小品文的韵味。不过至今他仍爱看电影，尤喜法国电影。

蔡澜此人　金庸

　　除了我妻子林乐怡之外，蔡澜兄是我一生中结伴同游、行过最长旅途的人。他和我一起去过日本许多次，每一次都去不同的地方，去不同的旅舍食肆；我们结伴同游欧洲、藩市，再到拉斯维加斯，然后又去日本。最近又一起去了杭州。我们共同经历了漫长的旅途，因为我们互相享受作伴的乐趣，一起去享受旅途中所遭遇的喜乐或不快。

　　蔡澜是一个真正潇洒的人。率真潇洒而能以轻松活泼的心态对待人生，尤其是对人生中的失落或不愉快遭遇处之泰然，若无其事，不但外表如此，而且是真正的不萦于怀，一笑置之。"置之"不太容易，要加上"一笑"，那是更加不容易了。他不抱怨食物不可口，不抱怨汽车太颠簸，不抱怨女导游太不美貌。他教我怎样喝最低劣辛辣的意大利土酒，怎样在新加坡大排档中吮吸牛骨髓，我会皱起眉头，他始终开怀大笑，所以他肯定比我潇洒得多。

　　我小时候读《世说新语》，对于其中所记魏晋名流的潇洒言行不由得暗暗佩服，后来才感到他们矫揉造作。几年前用功细读魏晋正史，方知何曾、王衍、王戎、潘岳等等这大批风流名士、乌衣子弟，其实猥琐龌龊得很，政治生涯和实际生活之卑鄙下流，与他们的漂亮谈吐适成对照。我现在年纪大了，世事经历多了，各种各样的人物也见得多了，真的潇洒，还是硬扮漂亮一见即知。我喜欢和蔡澜交友交往，不仅仅是由于他学识渊博、多才多艺，对我友谊深厚，更由于他一贯的潇洒自若。好像令狐冲、段誉、郭靖、乔峰、四哥都是好人，然而我更喜欢和令狐冲大哥、段公子做朋友。

蔡澜见识广博，懂得很多，人情通达而善于为人着想，琴棋书画、酒色财气、吃喝嫖赌、文学电影，什么都懂。他不弹古琴、不下围棋、不作画、不嫖、不赌，但人生中各种玩意儿都懂其门道，于电影、诗词、书法、金石、饮食之道，更可说是第一流的通达。他女友不少，但皆接之以礼，不逾友道。男友更多，三教九流，不拘一格。他说黄色笑话更是绝顶卓越，听来只觉其十分可笑而毫不猥亵，那也是很高明的艺术了。

过去，和他一起相对喝威士忌、抽香烟谈天，是生活中一大乐趣。自从我去年心脏病发之后，香烟不能抽了，烈酒不能饮了，然而每逢宴席，仍喜欢坐在他旁边，一来习惯了；二来可以互相悄声说些席上旁人不中听的话，共引以为荣；三则可以闻到一些他所吸的香烟余气，稍过烟瘾。

蔡澜交友虽广，不识他的人毕竟还是很多，如果读了我这篇短文心生仰慕，想享受一下听他谈话之乐，又未必有机会坐在他身旁饮酒，那么读几本他写的随笔，所得也相差无几。

目录

contents

朋友

家人

好朋友给我们串了个小调，词曰：「老蔡一大早，拿了菜单，提了菜篮，到菜市场去买小菜！」姓蔡的人，真不好受。

忽然想起花生漫画的史诺比，当他看到自己出生地野菊园变成高楼大厦时，大声叫喊："岂有此理！你竟敢把房子建筑在我的回忆上！"

拾忆

小时住的地方好大，有二万六千平方英尺。

记得很清楚，花园里有个羽毛球场，哥哥姐姐的朋友放学后总在那里练习，每个人都想成为"汤姆士杯"的得主。

屋子原来是个英籍犹太人住的，楼下很矮，二楼较高，但是一反旧屋的建筑传统，窗门特别多，到了晚上，一关就有一百多扇。

由大门进去，两旁种满了红毛丹，每年结果，树干给压得弯弯的，用根长竹竿绑上剪刀切下，到处送给亲戚朋友。

起初搬进去的时候，还有棵榴莲树，听邻居说是"鲁古"的，果实硬化不能吃的意思，父亲便雇人把它砍了，我们摘下未成熟的小榴莲，当手榴弹扔。

房子一间又一间，像进入古堡，我们不断地寻找秘密隧道。打扫起来，是一大烦事。

粗壮的凤凰树干，是练靶的好工具，我买了一把德国军刀，直往树干

飞，整成一个大洞，父亲放工回家后，被臭骂一顿。

最不喜欢做的，是星期天割草，当时的机器，为什么那么笨重？四把弯曲的刀，两旁装着轮子，怎么推也推不动。

父亲由朋友的家里移植了接枝的番荔枝、番石榴。矮小的树上结果，我们不必爬上去便能摘到，肉肥满，核子又少，甜得很。

长大一点，见姐姐哥哥在家里开派对，自己也约了几个女朋友参加，一揽她们的腰，为什么那么细？

由家到市中心有六英里路，要经过两个大坟场，父亲的两个好朋友去世后都葬在那里，每天上下班都要看到他们一眼。伤心，便把房子卖掉了，搬到别处。

几年前回去看过故屋，园已荒芜，屋子破旧，已没有小时感觉到的那么大，听说地主要等地价好时建新楼出售。这次又到那里怀旧一番，已有八栋白屋子竖立。忽然想起花生漫画的史诺比，当他看到自己出生地野菊园变成高楼大厦时，大声叫喊："岂有此理！你竟敢把房子建筑在我的回忆上！"

昨夜梦魂中

为什么记忆中的事，没做梦时那么清楚？昨晚梦到故园，花草树木，一棵棵重现在眼前。

爸爸跟着邵氏兄弟，由大陆来到南洋，任中文片发行经理和负责宣传。不像其他同事，他身为文人，不屑利用职权赚外快，靠薪水，两袖清风。

妈妈虽是小学校长，但商业脑筋灵活，投资马来西亚的橡胶园，赚了一笔，我们才能由大世界游乐场后园的公司宿舍搬出去。

新居用叻币四万块买的，双亲看中了那个大花园和两层楼的旧宅，又因为父亲好友许统道先生住在后巷四条石，购下这座老房子。

地址是人称六条石的实笼岗路中的一条小道，叫 Lowland Road，没有中文名字，父亲叫为罗兰路，门牌四十七号。

打开铁门，车子驾至门口有一段路，花园种满果树，入口处的那棵红毛丹尤其茂盛，也有芒果。父亲后来研究园艺，接枝种了矮种的番石榴，由泰国移植，果实巨大少核，印象最深。

屋子的一旁种竹，父亲常以一用旧了的玻璃桌面，压在笋上，看它变种生得又圆又肥。

园中有个羽毛球场，挂着张残破的网，是我们几个小孩子至爱的运动，要不是从小喜欢看书，长大了成为运动健将也不出奇。

屋子虽分两层，但下层很矮，父亲说这是犹太人的设计，不知从何考证。阳光直透，下起雨来，就要帮忙奶妈到处闩窗，她算过，计有六十多扇窗。

下层当是浮脚楼，摒除瘴气，也只是客厅和饭厅厨房所在。二楼才是我们的卧室，楼梯口摆着一只巨大的纸老虎，是父亲同事，专攻美术设计的友人所赠。他用铁线做一个架，铺了旧报纸，上漆，再画为老虎，像真的一样。家里养了一只松毛犬，冲上去在肚子咬了一口，发现全是纸屑，才作罢。

厨房很大，母亲和奶妈一直不停地做菜，我要学习，总被赶出来。只见里面有一个石磨，手摇的。把米浸过夜，放入孔中，磨出来的湿米粉就能做皮，包高丽菜、芥兰和春笋做粉粿，下一点点的猪肉碎，蒸熟了，哥哥可以一连吃三十个。

到了星期天最热闹，统道叔带了一家大小来做客，一清早就把我们四个小孩叫醒，到花园中，在花瓣中采取露水，用一个小碗，双指在花上一弹，露水便落下，嘻嘻哈哈，也不觉辛苦。

大人来了，在客厅中用榄核烧的炭煮露水，沏上等铁观音，一面清谈诗词歌赋。我们几个小的打完球后玩蛇梯游戏，偶尔也拿出黑唱片，此时我已养成了对外国音乐的爱好，收集不少进行曲，一一播放。

从进行曲到华尔兹，最喜爱了。邻居有一小庙宇，到了一早就要听《丽的呼声》，而开场的就是《溜冰者的华尔兹》（*Skaters' Waltz*），一听就能道出其名。

在这里一跳，进入了思春期。父母亲出外旅行时，就大闹天宫，在家开舞会，我的工作一向是做饮料，一种叫 Fruit Punch 的果实酒。最容易做了，把橙和苹果切成薄片，加一罐杂果罐头，一支红色的石榴汁糖浆，下大量的水和冰，最后倒一两瓶红酒进去，胡搅一通，即成。

妹妹哥哥各邀同学来参加，星期六晚，玩个通宵，音乐也由我当DJ，已有三十三转的唱片了，各式快节奏的，森巴森巴，恰恰恰，一阵快舞之后转为缓慢的情歌，是拥抱对方的时候了。

鼓起勇气，请那位印度少女跳舞，那黝黑的皮肤被一套白色的舞衣包围着，手伸到她腰，一掌抱住，从来不知女子的腰可以那么细的。

想起儿时邂逅的一位流浪艺人的女儿，名叫云霞，在炎热的下午，抱我在她怀中睡觉，当时的音乐，放的是一首叫《当我们年轻的一天》，故特别喜欢此曲。

醒了，不愿梦断，强迫自己再睡。

这时已有固定女友，比我大三岁，也长得瘦长高挑，摸一摸她的胸部，平平无奇，为什么我的女友多是不发达的？除了那位叫云霞的山东女孩，丰满又坚挺。

等待父母亲睡觉，我就从后花园的一个小门溜出去，晚晚玩到黎明才回来，以为神不知鬼不觉，但奶妈已把早餐弄好等我去吃。

已经到了出国的时候了，我在日本，父亲的来信说已把房子卖掉，在加东区购入一间新的。也没写原因，后来听妈妈说，是后巷三条石有一个公墓，父亲的好友一个个葬在那里，路经时悲从中来，每天上班如此，最后还是决定搬家。

"我不愿意搬。"在梦中大喊，"那是我一生最美好的年代！"

醒来，枕头湿了。

公寓生活

小时候过野孩子的日子，四处跑，溪中抓生仔鱼，丛林捕捉打架蜘蛛，想象不出住在大厦公寓的儿童，过的什么生活。

偶尔跌伤，也不哭。父亲到花圃中找一种叫"落地生根"的植物，采些叶子春碎后往伤口处敷，隔天痊愈。

周围长野樱桃树，是种热带植物，能生很小颗的果实，包裹无数的小种子。生的时候呈绿色，很硬，可以采下来，做管木枪，用胶圈绑住，以果实当子弹，一枪飞出，邻居的马来儿童呱呱大叫。

熟的时候，野樱桃由粉红转成艳红，摘了放入嘴中，香甜无比，是最大的享受。

父亲说："这种树是印度传来的。"

"有人带到这种的吗？"我好奇。

"不，不。"父亲说，"鸟儿吃了，肠里还有些种子，就撒播了。"

长大后到印度，一直找野樱桃树，看不到，不知是父亲道听途说，或者是我去过的地区不适宜种植此种树，后来旅行到南部的马德拉斯，才看到满山遍野的野樱桃。

厨房是我最喜欢的地方，想帮手，都给母亲和大姐赶了出来，只有奶妈在做菜的时候，才一样样教我。妈妈最拿手的是炸猪肉片、腌咸蟹、粉果和芋泥，偷偷地学了几道，但后来也没做好。

家中还养了几只鸡，随地乱跑，到了晚上用一个竹织的笼子，像把反转的太阳，把鸡盖在里面，以防黄鼠狼来咬死它们。客人一到，就杀鸡，奶妈抓了一只，把鸡颈反转，拔下细毛，用力就那么一锯，血喷了出来，看得大乐。

做电视饮食节目，做澳大利亚龙虾，一刀斩下它的头，一位港姐看完即刻哭了出来，才知道住在公寓的小孩，过的是怎么样的生活。

名字的故事

我们家，有个名字的故事。

哥哥蔡丹，叫起来好像菜单，菜单。家父为他取这个名字，主要是他出生的时候不足月，小得不像话，所以命名为"丹"。蔡丹现在个子肥满，怎么样都想象不出当年小得像颗仙丹。

姐姐蔡亮，念起来是最不怪的一个。她一生下大哭大叫，声音响亮，才取了这个名。出生之前，家父与家母互约，男的姓蔡，女的随母姓洪，童年叫洪亮，倒是一个音意皆佳的姓名。

弟弟蔡萱，也不会给人家取笑，但是他个子瘦小，又是幼子，大家都叫他做"小菜"，变成了虾米花生。

我的不用讲，当然是菜篮一个啦。

好朋友给我们串了个小调，词曰："老蔡一大早，拿了菜单，提了菜篮，到菜市场去买小菜！"

姓蔡的人，真不好受。

长大后，各有各的事业，丹兄在一家机构中搞电影发行工作，我只懂得制作方面，有许多难题都可以向他请教，真方便。

亮姐在新加坡的最大的一间女子中学当校长，教育三千个少女，我恨不得回到学生时代，天天可以往她的学校跑。

阿萱在电视台当高级导播，我们三兄弟可以组成制、导和发行的铁三角，但至今还没有缘分。

为什么要取单名？

家父的解释是古人多为单名。他爱好文艺和古籍，故不依家谱之"树"字辈，各为我们安上一个字，又称，发榜时一看中间空的那个名字，就知道自己考中了。当然，不及格也马上晓得。

我的澜字是后来取的，生在南洋，又无特征，就叫南。但发现与在大陆的长辈同音，祖母说要改，我就没有了名。友人见到我管我叫"哈啰"，变成了以"啰"为名。

蔡萱娶了个日本太太，儿子叫"晔"，二族结晶之意，此字读"叶"，糟了，第二代，还是有一个被取笑的对象：菜叶。

筷子

说什么，也是筷子比较刀叉和平得多。

我对筷子的记忆是在家父好友许统道先生的家开始的。自家开饭用的是普通筷子，没有印象，统道叔家用的是很长的黑筷子。

用久了，筷子上截的四方边上磨得发出紫颜色来。问爸爸："为什么统道叔的筷子那么重？"

父亲回答："用紫檀做的。"

什么叫紫檀？当年不知道，现在才懂得贵重。紫檀木钉子都钉不进去，做成筷子一定要又锯又磨，工夫不少。

"为什么要用紫檀？"我又问。

父亲回答："可以用一世人用不坏呀！"

统道叔已逝世多年，老家尚存。是的，统道叔的想法很古老，任何东西都想永远地用下去，就算自己先走。

不但用东西古老，家中规矩也古老。吃饭时，大人和小孩虽可一桌，但都是男的，女人要等我们吃完才可以坐下，十分严格。

没有人问过为什么，大家接纳了，便相处无事。

统道叔爱书如命，读书人思想应该开通才是，但他受的教育限于中文，就算看过五四运动之后的文章，看法还是和现代美国人有一段距离。

我们家的饭桌没有老规矩，但保留家庭会议的传统。什么事都在吃饭时发表意见，心情不好，有权缺席。争执也不剧烈，限于互相的笑。自十六岁时离开，除后来父亲的生日，我很少一家人同一桌吃饭了。

说回筷子，还记得追问："为什么要用一世人，一世人有多久？"

父亲慈祥地说："说久也很久，说快的话，像是昨天晚上的事。"

我现在明白。

树根兄

　　我的大伯、二伯和四伯都很长寿，只有三伯很年轻就得病去世。他只有一个儿子，我的堂兄蔡树根。

　　树根兄从小就过番，在星马干过许多行业，对机械工程特别熟悉，沿海的捕鱼小屋"居隆"，以前起网都要用手拉，树根兄替渔夫们安装摩打，省却人力。

　　已经多年没见过树根兄了，他的儿子都已长大，各有事业。树根兄今年六十出头，还那么粗壮。三更半夜"居隆"的摩打有毛病，一个电话，他便出海修理，渔民都很尊敬他。

　　近年来，树根兄多读书，精通历史，而且有画展必到，在绘画上大下苦功，尤其是炭画，研究得很深刻，亲朋戚友只要略加描述他们的先人，树根兄便能神似地将人像画出来。

　　那天他来家坐，手提数尾乌鱼当礼物，说是渔夫朋友孝敬他的。喝了茶后，树根兄和我父亲叙旧，讲的多是他小时对家乡的回忆。

我从来没有见过我三伯，树根兄对他父亲印象也很模糊。家父记得最清楚的是三伯的手艺非常灵巧。

　　单说剪头发吧，三伯从不假手于人，他用脚趾夹着一面小镜子，自己动手。理后脑的头发时，右手抓剪刀，左手握另一面镜倒映到脚上的镜，剪得整整齐齐，一点也不含糊。

　　有时家中没菜，他便装着在人家鱼塘里洗澡，三两下子，空手偷抓了一尾大鲤鱼，藏在怀里，不动声色地拿回家，被祖母笑骂一顿。

　　早年守寡的三婶是一个不苟言笑的人。记得我小时树根兄把她接到南洋，住在我们家里。她带了树根兄的大儿子绷着脸坐着。吃晚餐时大孙子白饭一碗碗入口，掉在桌面上的饭粒也拾起来珍惜地吞下，我看得心酸再添一碗给他。三婶看在眼里，才跟我问长问短。

　　树根兄和他母亲甚少交谈，反与家父亲近，他问道："我父亲到底长得像谁？"

　　爸爸回答："你年轻时我不觉得，现在看来，长的最像的是你。"

　　他告辞，爸爸送他到门口，临别时看到他眼角有滴泪珠。

亲人

　　有很多没有见过的亲人，在家父的描述下，我好像听到他们的呼吸。我爷爷有个小弟弟，吊儿郎当，有天塌下来都不管的个性。年轻时娶了乡中的一个美丽的少女，经一两年都没生育，我祖母却生了五男二女，将最小的儿子——我父亲——过房给他们。从小爸爸还是不改口地呼称他们细叔细婶，两人都非常宠爱他。

　　老细叔自幼习武，会点穴。一天，在耕田的时候来了三两地痞欺负他，怎知道给他三拳两脚地打死了一个。

　　当时杀人，唯一走脱的路径便是"过番"。老细叔逃到南洋，在马来亚的笨珍附近一小乡村落脚。几番岁月和辛酸，总算买到二十亩树胶园，做起园主，和土女结婚生子。

　　一方面，老细婶一直没有丈夫的音讯。她织得一手好布，也不跟我祖母住在一起，于邻近买了一小栋房屋独居。她闲时吟诗作对，不过从来没有上学校的福气，所修的文字，都是歌册上学来。潮州大戏歌曲多采自唐

诗宋词。家中壮丁都放洋，凡遇难于处理的纠纷，都来找细婶解决，连我奶奶都怕她三分。

经太平洋战争，我的二伯终于和老细叔取得联络，问他还有没有意思回到故乡。老细叔也不回答，默默地卖掉几亩树胶园，就乘船走了。

石门镇起了骚动，过番三四十年的南洋客竟然回家了。大伙儿都围来看他。拜会过亲戚长辈后，老细叔拎了行李走入家门。

老细婶并没有愤怒或悲伤，打水让他洗脸。只是到了晚上，让他一个人睡在厅中。

翌日，老细婶陪他上坟拜祖先。老细叔又吊儿郎当地在家里住下，偶尔到邻近游山玩水，吃吃妻子做的咸菜，是世上的美味。

过了一阵子，老细婶向他说："这些年来，我想见你的愿望已经达到。你住了这么久，也应该要回南洋了。"

送她丈夫上船，再过了多年，老细婶去世。

死后在她家的墙角屋梁找出百多个银洋，是她一生的储蓄。老细婶没有说过要留给谁，她也不知道要留给谁。

烟

父亲嗜烟，离世之前没有停过。健谈，反应极快，和我走在一起像兄弟，可见"吸烟危害健康"这句话，对某些人来说是不适用的。

在他的遗传下，除了姐姐，我们兄弟三人都像烟囱一样烟喷个不停。

妈妈也抽烟，但几年前气管有点毛病，医生说："不如把它戒了吧！"

妈问道："那喝酒呢？"

医生点点头。妈一高兴，真的下决心戒掉，说："走了'大娘'，至少还有个'小老婆'！"

我在念初中的时候就偷妈的烟来抽，当时她吸的是浓郁的红点LUCKY STRIKE，我一开始就享受极有分量的材料，而且又是个很有学习精神的徒弟，很快上手。

起初上厕所的时候来一支，后来午饭后和几个同学躲在学校的后山抽。睡觉之前也吸几口，烟蒂挤熄在烟灰盅里，用脚踢入床底下。第二晚一看，已是洗得干干净净，那是托奶妈之福。

父亲抽的是维珍尼亚的英国烟叶系统，我很不习惯它的味道，只喜欢土耳其系统的美国烟。在外国念书的时候我也常抽一种叫"金盒"的德国货，用的是土耳其和埃及烟叶，烟本身不厉害，但发出强烈的味道，喜欢的人说很香，讨厌者认为比榴莲还臭。这个系统的烟有个特征，都是压得扁扁的椭圆形。

　　后来这种烟越来越难买，我的烟瘾也逐渐升级，要吸法国蓝色盒子的"吉旦"或"孤花"才满足。它们真是世界上最强烈的香烟之一，没有滤嘴。在烟的一头看到的烟叶呈乌黑，味道也来得浓郁。

　　一天要抽两三包，给父亲知道了，骂个不停。又因为这些烟在普通烟档买不到，只有去专门的地方购入。

　　抽这种烟的人少，货存太久，烟油从纸上透出，看了恶心就放弃了，改吸美国的流行牌子。最近又因为常咳嗽而又降级抽所谓"特醇"的。其实真正说起来我什么烟都抽，就是不抽蚊烟。

阿叔

小时，最大的乐趣是等待星期天。一早，爸爸妈妈姐姐哥哥和我，手抱着弟弟，一家六口穿了整齐干净的衣服，乘了的士，由我们住的大世界游乐场，直赴后港五条石阿叔的家。

阿叔姓许，我们没有叫他许叔叔，只因他比我们的亲戚还亲。

车子经一警察局、一花园兼运动场和一个市场，向左转进条碎石路，再过几间平房，就是阿叔的花园。我们按铃，恶犬汪汪，阿叔的几个儿子开门迎接。

花园占地一万多英尺，屋子是它的十分之四，典型的南洋浮脚楼，最前端是个有顶的阳台，摆着石桌凳子。

笑盈盈的阿叔，有略微肥矮的身材，永不穿外衣，只是一件三个珍珠纽扣的圆领薄汗衫和一条丝制的白色唐裤，围黑皮附着钱包的腰带。头发比陆军装还要长一点，一张很有福相的圆脸，留了一笔小髭，很慈祥地说："来，先喝杯茶。"

由阳台进主宅的门楣上，挂着一幅横匾，写了几个毛笔字，签名并盖印。

第一次到阿叔家时拉爸爸的袖子，问道："写些什么？"

爸爸回答："这是周作人先生写给阿叔的，是他的这个家的名字。"

"家也有名字吗？周作人是谁？"我还是不明白。

"你以后多看书，就知他是谁了。"爸爸很有耐性地说，"也许，有一天，你会学他写东西也说不定。"

"但是，"我不罢休，"为什么这个周作人要写字给阿叔？"

"阿叔是一个做生意的商人，但是很喜欢看书，而且专门收集五四运动以后的书……"

"五四运动？"我问。

爸爸不管我，继续说："中国文人多数没有钱。阿叔时常寄钱给他们，为了要感谢阿叔，就写些字来相送。"

"文人很穷，为什么要学他们写东西？我更糊涂了。"

一年复一年，到花园嬉玩的时候渐少，学姐姐躲在书房里，读冰心、张天翼和赵树理。

病中，捧着《西游记》《三国演义》和《水浒传》，书籍真的有一种香味。

打从心中喜欢的还是翻译的《伊索寓言》《希腊神话集》等，继之是狄更斯的《大卫·高柏菲尔》、雨果的《悲惨世界》，接着是俄国的《卡拉马卓夫兄弟》《战争与和平》，最后连几大册的《约翰·克里斯朵夫》也生吞活剥。

阿叔的书架横木上贴着一行小字，"此书概不出借"，但是对我们姐弟，从来没摇过头。我们也自觉，尽量在第二个礼拜奉还，要是隔两个星期还没看完，便装病不敢到阿叔家里去。

转眼就要出国，准备琐碎东西忙得昏头昏脑，忘记向阿叔话别就乘船上路。

爸爸的家书中，我连流眼泪的时间也没有，心中有个问题："阿叔的那些书呢？"

所藏的几万册都是原装第一版本书籍，加上北京、清华等大学的学报、刊物和各类杂志。五四运动以后出版的，应有尽有，而且还有许多是作家亲自签名赠送的。三十年代，在上海出版的三种漫画月刊，也都收集。有些资料，我相信两岸未必那么齐全。

阿叔在南洋代理手揸花三星白兰地、阿华田、白兰氏鸡精等洋货，他的店铺并没有什么装修，一个门面，楼上是仓库。

在一旁，他有一间小小的办公室，里面除了一个算盘之外，便是一副功夫茶具。薄利多销是他的原则。也许是因为染上文人的气质，他的经营方法已是落后，晚年代理权都落到较他更会谋利的商人手里。

病榻中，阿叔看着他那几个见到印刷品就掉头走的儿女，非常不放心地向爸爸提出和我同样的问题："那些书呢？"

爸爸回答："献给大学生的图书馆吧！"

阿叔点点头，含笑而逝。

酒舅

　　母亲好酒，一瓶白兰地，三天喝完，算是客气。七十多岁人了，还是无酒不欢。亲戚友人嘴里虽劝说别喝过量，但是见她身体强壮，晨运时健步如飞，令到半滴不入喉的人，反而觉得自己是否有毛病。

　　人上了年纪，生活方式不太有变化。周末，爸爸和妈妈多是到十八溪前的丰大行去找一群老朋友聊天。爸爸有他吟诗作对的同伴，陪着妈妈的是一位我们的远房亲戚，他也好杯中物。慢慢喝，他们两人一天三瓶不是问题。这亲戚比妈年纪小，我们就管他叫做"酒舅"。

　　酒舅身材矮小，门牙之间有条缝，身体结实得像一块石头，再加上头顶光秃到只剩几根稀发，更像一块石头。他的笑话，讲个没完没了，讲完先自己笑得由椅子掉下来。《射雕》里的老顽童找他来演，不用化装。

　　出生于富家的酒舅，从小就学习武艺，个性好胜，到处找人打架。他又喜欢美食，更逢饮必醉，经常酒后闹得不可收拾，干脆和恶友不回家睡觉，吵至天明。

邻居第二天找上门来，他父亲虽然恨透，但还维护着他，劈头问邻居道："你儿子昨晚把我的儿子引到什么地方去？"

问罪之人，反而哑口无言。

他父亲是个读书人，生了这么一个不肯做功课的儿子，拿他一点办法也没有，差点气出病来，但是酒舅不管三七二十一，照样研究炒什么菜下酒，不瞅不睬。与其他个性善良淳厚的兄弟比较起来，酒舅是一个标准的恶少，村里的人，没有一个对他有好感。

唯一的好处，是酒舅好打抱不平，经常帮助人家解决疑难问题。遇到有什么纷争，他便站出来做和事佬。

他当公亲，多由自己掏腰包出来请客，图个见义勇为的美名。名堂虽佳，却要向两方讨好。

一次甲乙双方争于某事，几乎弄到纠众械斗，他向双方恶少说："你们有胆，先把我杀死再说！"

恶少们知道酒舅曾经学武，能点穴，和人相打时，只用力踩对方的脚盘，那人便倒地不起。

结果，大家都买酒舅的账，一场大斗，便不了了之。

酒舅，从小不靠家产，自己出来闯天下，由一个月薪两块钱的小子，渐渐爬到成为一间树胶机构的经理。在那小镇上，酒舅算是一个大绅士。

晚年，他父亲不跟其他儿女住，而钟意和酒舅在一块，因为他谈吐幽默，又烧得一手好菜的缘故。

而这个儿子，和其他人想象不同，到底个性忠直，一直与父亲很亲近。渐渐地，他也得到了他父亲的熏陶，养成了读历史的好习惯，对文学也越来越有修养。酒舅每天陪着他父亲读书写字，练出一手柔美的书法，这一点，村子里的人做梦都没有想到。

去年，酒舅去中国旅行，在内地参加了一个旅游团，团体有广东省杂志的记者和澳大利亚的撰稿人及摄影师。

起初，大家认为酒舅是个南洋生番，样子又老土，都不大看得起他。

一坐下来吃饭时，酒舅看到什么地方的人就用什么方言相谈。

"你会说几种话？"广东记者听了好奇地问。

"会说一点广东话、客家话、福建话，还有潮洲话……"酒舅轻描淡写地用标准的普通话回答说，"不过，这些只是方言。"

澳大利亚人前来搭讪，酒舅的英语更像"机关枪"。当然，他还没有机会表演他的马来语和印度话。

每到一处古迹，酒舅更如数家珍。

他父亲的教导，并没有白费，比当地的导游更胜一筹，令众人惊讶不已，事事物物都要向酒舅探询。

过后，广东画报有两三页的图文报道，称酒舅为罕见的南洋史学家及语言学家。酒舅读后，笑得从椅子上掉下来。

干了

还是家父的一位可爱朋友。

年老丧偶，身边还是带着一个三十出头的女人，快活逍遥。

"哪里找来的？"父亲问他。

"酒吧。"他说，"我问她一个月能赚多少，加倍给她。每个月当成领薪水，同样上班，不必要挨夜。"

"儿女不反对吗？"家父问。

"我有一个儿子，一个女儿，把家产分成三份，给了他们，算是公平了吧？钱是老子赚的，他们有什么话说？"

每个礼拜天早上，他把这个女的带到我家，和父亲谈诗词，喝功夫茶。那女的对这两种东西都没兴趣，坐在一旁。

我看到了，跑进厨房泡了一杯咖啡给她，当她是"正室"那么恭敬。

"我做的都是一些丑事，"她说，"为什么你对我那么好？"

"你是世伯的女秘书嘛。"我说，"什么叫丑事呢？"

她笑得很开心。

喝完茶，照惯例到一家大排档吃饭，时间还早，别人在啃面包，我们已经叫了十个菜，大鱼大肉。母亲从皮包中拿出自备白兰地，倒一大杯给这位世伯。

"来，喝到死为止。"他说。

"最怕死不了，爆了血管不知怎么办！"身后传来一个女人的声音，原来是他儿子带了媳妇来参加。见到家公，劈头就没一句好话。

"不必你们操心，有什么三长两短，这个女人自然会照顾。那边有空位，你们坐到另一桌去！"世伯一边喝酒一边说，那两人夹着尾巴走远。

我看了也豪气大作，向母亲要了一杯，敬这位世伯："好一个喝到死为止，干了！"

恋手

黄伯伯已经九十多岁了，头虽秃，但身体健壮。衣着随便，永远是白恤衫黑长裤，看起来像个退休了的穷书记。每天早上散步六英里，人家见到跟在他身后的那穿白制服司机驾驶着的那辆劳斯莱斯，才知道对他印象错误。

和黄伯伯在一起聊天，发现每次有少女走过，他的视线不落在她们的脸或胸，只是紧紧地盯着她们的手。

有天早上忍不住地问他："为什么？"

这是黄伯伯的故事：

九岁时父母双亡，迫得去卖甘蔗、橄榄。没钱念书，偷窥私塾窗口，整本《千家诗》强记起来，虽然已熟悉方块字，但还是要靠劳力为生，演傀儡戏、唱南管，甚至于被雇出抬死人棺材，赚了几个钱当卖货郎，他每天挑了两个大木箱，走三乡六里，接触过百家少妇，也见过千家少女。

一天，我给雷击了，我看到天下最美丽的一双手！

我心里想："要是她肯让我摸一摸手，那我宁愿早死十年！"

　　她忽然间好像了解我的心意，转过头来向我微笑答谢。只能在章回小说里出现的事，发生在我身上，但是贫富悬殊，亲事无法提起，我永远不能摸到她柔美的双手。

　　我一气之下来了南洋，二十年奋斗下来，赚了不少钱，我又不死心地跑回去乡下看她。

　　"鸡棚里哪有隔夜蚯蚓？"老朋友说，"她早就嫁人。如今不生孙，也应生子！"

　　我失望之余，想回南洋，但还是忘不了那双手。散了些钱，调查到那少女的住处。真是有缘，她刚在井边洗衣，一见到我，也很高兴地迎前："你不是去了南洋发财吗？怎么到现在还是白恤纟衫黑长布裤的？"

　　她一面说一面用围巾抹着她浸湿了的双手。我一看，天啊！已浮上了杂乱的青筋。我不相信自己的眼睛，我也不相信已经没有办法再看到那双美丽的手！到现在，我还一直在找。有一天，我一定可以找到。

梦香老先生

家父友人中有一位蔡梦香先生。他是潮州人，在上海清政大学读书，后来寄居星洲和槟城。

蔡先生是一位清癯如鹤，天真如婴儿的老人，很随和脱略，老少同欢。手头好像很阔绰，随身行装却很少，只有一个又旧又小的藤箱。一天，一个打扫房间的工人好奇地偷看他那藤箱中装的是什么东西，原来那三两件的衣服已拿去洗，里面空空洞洞，只有折叠着一张黄纸，写着"处士讳梦香公之墓"。

大家知道了这秘密不敢说出口，老人却敏感地事先声明："自己的身后事让自己做好，不是减少后人的麻烦吗？"

他更写了一首诗：

随处尽堪埋我骨，天涯终老亦何妨？
死生不出地球外，四海六洲皆故乡。

一生中，蔡先生从来不用床。疲倦了躺在醉翁椅上，像一只虾一样屈

起来做梦。梦醒又写诗作对，写完即刻抛掉。什么纸都不论，连小学生的算学蓝色方格簿上也写。桌上一本书也没有，但是看他的诗、书法和画，可知他的功力极深。除了做梦，蔡先生还会吐纳气功，清醒的时间只有十分之二三。当他作画时，不知自己是书是画，是梦是醒，醒后入梦，而不知其梦。对于他，什么所谓画，怎么所谓醒，都不重要了。

有一天，一件突发的事破坏了他一贯的生活规律。那是他中了头奖马票。本来冷眼看他的人都来向他借钱。他说："想见面的朋友偏偏不来看我，因为马票已成友情的故障；而怕和我见面的却天天包围着我，这怎么办？"

还能怎么办？他畅意挥霍，过了一年半载，把钱花光了，然后心安理得，蜷曲醉翁椅昏昏入梦。

文人的生活到底不好过，他流浪寄居于各地会馆，终遭白眼。蔡先生于八十三岁逝世，我一直无缘见他一面。今天读他的遗作，知道他在临终那几年已丧失了豪迈，他写道：

> 处处崎岖行不得，艰难万里渡云山。
> 不如归去去何处，随遇而安难暂安。

这首诗与他当年"四海六洲皆故乡"的旷达心情是相差多远，不禁为他老人家流泪。

雨衣人

回到新加坡，惊闻志峰兄逝世了。他的英俊潇洒的形象，至今还是活生生。不过，志峰兄一生可说得上多姿多彩，不枉此生。

三十年前，他常到我们家来座谈，每次都带来一些意想不到的礼物，印象深刻的是那回送给我们一只小黑熊，胸口有块白斑，像小孩一样顽皮，可爱之极。长大后，我们常和它摔跤，后来力气越来越大，父母亲再也不放心，把它送给动物园，让我们伤心了好一阵子。

起初只知道志峰兄是个普通的印度尼西亚华侨，混熟了才知他极富有，又是大学生，对中国文学亦有研究，而且擅于写旧诗，真是失敬得很。

家父亦好此道，所以志峰兄一坐就是数小时，我们听不懂诗词的奥妙，只会玩他带来的礼物。现在想起来真后悔不亲炙他。

有一回，他又拿了两尾色彩缤纷的鲤鱼相送，家父外出，他闲着无聊，就给我们兄弟讲《白秋练》的故事。

他口才好，形容得那条鱼精活生生的，不逊蒲松龄的口述，也启发了我们对《聊斋》的爱好。

当时，志峰兄二十多岁，尚未娶亲，他的朋友说他头脑有毛病，对婚姻有恐惧，死守独身主义。

志峰兄的理论是："女人嘛，缠上身后每天相对，总会看厌的。"

他自己住在一座大洋房里，花了不少钱装修，但从来不让朋友上他的家。

友人不死心，一定要为这间屋子加上个女主人，纷纷介绍少女给他做老婆。

"想喝杯牛奶何必养一头牛？"志峰兄笑着说，"一个人清清静静多好。"

直到有一天，志峰兄病了，他的好友见他几天不上班，不管三七二十一地带了医生冲进他的房，才看到整座屋子布置得像好色埃及法老的皇宫。

据他的老管家说，他主人一年三百六十五天，每晚都换新女朋友，有时还不止一个，五六个成群结队地。奇怪的是，第二天，她们走出来时，没有一个愁眉苦脸的，都是心满意足。

至于说志峰兄为什么不结婚，这并非他没有这个念头，只是他有双重性格，一方面放荡不羁，一方面却是个虔诚的天主教徒，认为结过一次婚后就不能再娶。

原来志峰兄十七岁的那年，他父亲在他们普宁的乡下为他娶了个大他几岁的老婆。这女人性欲极强，志峰兄虽然年轻力壮也吃不消她，产生了自卑感。

有一回，他父亲派他到外面去做生意，却又是生龙活虎，比其他的人了得。

回家后，他找了要再读书的借口，跑到汕头，接着偷偷溜到印度尼西亚去投靠他的叔父。叔父开的是橡皮工厂，拥有许多树胶园，割树胶的却是女工，皆于黎明出发收割，志峰兄当然也跟着去了。

她们却让他摆平，工作的效率日渐减低。当女工一个个大着肚子去告密后，他叔父把志峰兄赶出树胶园。志峰兄到处流浪，做做杂役，给他半工半读地念完万隆大学，他精通印度尼西亚文和荷兰语，考试都是第一名，闲时上教堂，也念念不忘中国文学，吟诗作对。

受过树胶园教训之后，志峰兄虽然重施故技地应付女同学，但是已变成有原则，那便是永远要穿雨衣登场。

"衣服穿惯了，就是身体的一部分，雨衣也是一样的。"志峰兄说。

但是，他的朋友不知道他在胡扯些什么，只觉得这个虔诚的教徒很古怪。

同学之中，有个是高官的儿子。志峰兄搭上这关系做起生意来，不出数年给他赚个满钵。

　　志峰兄一直进行他的秘密游戏，有一天，他忽然间停止了一切活动，自己写了立轴道：

> 　　白发满头归不得，
> 　　诗情酒兴意阑珊。

　　大家以为他是机关枪开得太多，但真正的原因，是他听到了发妻去世的消息。

厂长

一位世叔，为人十分忠厚，他身为一小职员，但我不明白，为什么朋友们都叫他做"厂长"。

厂长来自中国内地，二十二岁与同乡的一个少女结婚，她只是一个普通家庭主妇，我不明白为什么朋友都叫她做"事头婆"。

厂长和事头婆共设"一厂"，自结婚的翌年起，连续制造了十八个儿女。我才明白为什么大家叫他们"厂长"和"事头婆"。

厂长的职业是印务馆的收件员，入息有限，何况他做人老实，从不收取外快，孩子一个生完一个又一个，真是叫苦连天。每年最焦急的是开学的时候，厂长硬着头皮东挪西借，朋友们亦知道借款是有去无回，还是给他支援。

印务公司是文化人组织的，都有点良心，了解厂长的家境之后，分点家庭工业给他做，那便是承印名片和贺年卡。

厂长的小型工厂效率极高，交货奇准，因为他们一家四十多只手，日夜赶工，从不脱期。

苦的是事头婆每天必须把一切家具搬进房，客厅才能变为小工厂，到休息时又要搬回来。其实，她搬不搬也是一样，她们那小小的巢，到了晚上，无处不躺着人。

作业赶完，三更半夜，厂长照旧想乐一乐，向事头婆使了个眼色。多数给事头婆骂一顿而作罢。

大家都以为厂长有过人之处，邻居的太太问道："事头婆，厂长是不是……是不是特别厉害？"

她淡然地回答："没有呀！"

"那……那怎么百发百中呢？"太太问。

事头婆生性诙谐，懒洋洋地说："百发是百中了，但是一年只有一发。"

厂长生活虽苦，但也不失幽默。人家看他整天替别人印名片，自己却一张也没有，问："你干吗不自己也来一张？"

"我没有什么衔头，印来丢脸。"他说：

"随便安一个不就行吗？"

厂长想了一想，说："好吧，就在抬头印上'十八子女之父'好了！"

像残片中的过场戏，日历一张张地翻飞，转眼之间，儿女都长大了。

十八个都聪明伶俐，所谓的优生学，全是鬼话，每个都青出于蓝。

孩子们对于功课，阿大教阿二，阿四向阿三学。家里地方小，楼梯口有公家电灯，这就是他们的教室。家庭教师者，休想染手。

课余，他们组织了口琴、合唱、乒乓、篮球等各一队。货赶完后，工厂有时也变成国术馆，大家练起功夫来。成群结队地走出去时，邻近的顽童都要向他们低头。

最辛勤的还是事头婆，她负责清洗一家人的衣服，煮小工友们的三餐。应该一提的是，她对厂长的衬衫裤子洗得特别干净，烫得特别服帖。厂长穿着起来，大模大样，别人看他，十足像间大工厂的厂长。

不过厂长袋里只有单据没有钞票，他用一分一毫都要仔细算过。搭巴士时，专找拥挤时间，做要下车状，售票员找到他时，马上跃下溜走。

厂长在商场上，人头熟，人家亦喜欢看他的笑容，足足有几十家和他谈得来。于是厂长在午饭时刻，必定轮流走动，在各店头免费吃了一餐。当时的店都自己开伙食，多一个人吃也不在乎。饭余厂长讲的笑话大家记得，厂长一个铜板也没付的事没人想起。

又是一张张日历翻飞。

儿女们都修完中学，有的半工半读大学，有的各自找职业，都有基础。和二十多年前的厂长一样，纷纷创造两人世界。他们都知道父母的辛酸，每月均将部分入息奉送。十八个，加起来不是小数目。

　　如今厂长自己真的有间印刷厂，请不少工人。到了赶货，人手不足，一个电话，所有儿媳都集合，劳动力增加数倍。空余，大家率性自己组织一个四十人旅行团，游历世界。

　　回来，厂长又依然地到各处去收订单，每天和商家联络。身边老带个传呼机，人家说老是"哔哔"声不吵死吗？

　　厂长笑着说："不，这是赚钱的音乐，唱的是苦尽甘来的歌。"

阿立的妈

阿立，是我们家乡众人皆识的人物。这并非阿立有过人之处，皆因他有一个很特别的妈妈。

当立妈是个少女的时候，她亲眼看到她的嫂嫂难产，婴儿脚先生出，痛得死去活来。她吓了个半死，发誓永不嫁人。

但是，父母已为她做了媒，不过门也不行。男家三番四次催促，她还是宁死不依。父母没有办法，只有将一个丫鬟一块儿送上。阿立妈嫁是嫁了，床上的工作由丫头负责，她只挂名做少奶奶。

丫头也很争气，一口气为男家生了好几个又白又胖的儿子。

之后，丈夫到南洋去谋生，一去就去了四十年，到了阿立妈六十岁，老番客才回到家乡。

族人大事庆祝，亲戚们由乡下到祖屋来参加宴会，一睹老番客的风采，趁机索点油水，屋子里挤满了人。

吃过饭，踏脚车回去路程也太远，亲戚们都留在家过夜，弄得老番客没地方睡觉，跑去丫头老婆那里，看到了媳妇们抱着孙子呼呼大睡。

无奈，老番客爬上阿立妈的床，但被她一脚踢了下来。

"你这老浑蛋，想干什么？"阿立妈大声斥责。

老番客说："虽然说是夫妻，我几十年来碰都没碰过你一下。我已经疲倦了一天，总不能让我去睡街边吧。"

阿立妈一听也是，心也渐渐软了："好吧，就这么一晚，你可不能毛手毛脚！"

他当然点着头答应，半夜，他当然又开始毛手毛脚。

阿立妈虽然已经六十，但还是个处女，身体仍有凹凸之处。渐渐地，由毛手毛脚变成真刀真枪。

过后，阿立的妈红着脸说："早知道这么妙，四十年前就应该给你。"

翌年，她生下了个男孩，取名阿立。

立字，拆开来是六十一。

一百次

对生儿育女的观念，我早已看得很开。

这是旅行带来的礼物，当你在欧洲遇到许多夫妇，你就会知道没有子女，人照样可以活得很开心。而且他们的父母，也绝对不会怪他们为什么不传宗接代。

一起旅行的团友，多数只是夫妇一对，有的和我一样，不相信一定要儿女；有的儿女已成家立业，没人在他们身边，也和我一样。

"哎呀，你不知道家庭的乐趣，那多可惜！"有些人摇头。

"哎呀，你自由自在，真是羡慕死我们了……"有些人点头。

完全是看法，他们怎么想，对我一点关系也没有。如果做人要为别人的话而活，也是相当悲哀的一件事。

虽然这么说，父母之言，还是要听的。最难过的那一关，还是担心家长对我的期望，这是非常的迂腐。不过，蔡家已为长辈传了六个孙儿孙女（哥哥、姐姐和弟弟各两名），只有我没有后代，我父母亲是默许的。

看见友人为他们的子女烦恼，我出了一身冷汗，当他们跑来和我商量时，我不知道怎么安慰他们。我有最好的借口："我自己没有，不能了解，不懂得处理。"

儿女背叛父母的例子也太多了，父母憎恶子女的个案也见得不少。让上帝去原谅吧，我们自己饶恕不了的话。

新年期间，应该喜气洋洋，怎么思想那么沉重？还是说点欢乐的。谢谢那些生儿育女的家长，不然我们上哪去找年轻的情人或女友？

"现在养一个小孩，根据统计，要两百多万港币。"一位带一家人的团友说。

另一位没有子女的笑嘻嘻："蔡先生的旅行团团费两万多。我没有小孩，可以参加一百次。"

友朋

蔡澜的「好朋友」项下有括弧：许多人的好朋友。与他相知逾四十年，从未在任何场合听任何人说过他坏话的，凭什么能做到这一点？

——倪匡

多年来，我一次次回到汉城，一见面总是两个互相拥抱。拍《乾隆下江南》时，拉了李翰祥导演同去，他看到那大肥婆搂住我，差点没把我挤扁，吓得一跳，不知我们两人是什么关系。

老友

董慕节先生欢宴倪匡兄，我做陪客，从澳门赶了回来。

约好在"陆羽茶室"三楼，我去了那么多次，还不知道可以从旁边乘电梯上去。以为早到，原来董先生夫妇已在那里等待，还有音乐界名人苏马大也在座。

两位都是我好久未见的朋友，董先生还是满脸红光，童颜鹤发，活像一个出现在武侠小说中的人物。

"今年贵庚了？"我问。

"属鼠，八十三了。"董先生笑着说，一点也不像八十三。

"别在我面前卖老，我八十七了。"苏马大说，更是不像。

董太太也来了，如以前看到般那么端庄，保养得奇好。菜上桌，董先生有些肥腻的东西已不吃了。

"医生吩咐的。"他说。

倪匡兄嬉笑："世界上有两种人的话不可以听，一是医生的，一是太太的。"

"没有医生和太太，日子也不好过，"董太太反击。

"可以这么说吧：要活得逍遥自在，那两种人的话不能听；要活得健康安乐，两种人的话都要听。我强调的是健康安乐。不听医生的得不到健康，不听老婆？哼哼！女人唠叨起来，绝对得不到安乐。"倪匡这么一说，座上的男人都鼓掌赞同。

女士们也任由他胡说八道，这一餐，吃的很丰富，"陆羽"的名菜都出齐了，饭后倪匡兄说了一件最近发生在他身上的事：

"我去一家出名的店铺吃龟苓膏，老板走出来，说店里有一个你认识的老友，随着往墙壁上一指，我只看到一片龟壳，以为他在骂我和乌龟做朋友，后来仔细一看，是蔡澜为他店里写了一幅字。"

大家听了大笑，度过愉快的一个晚上。

古龙、三毛和倪匡

三十多年前，我在台湾监制过一部叫《萧十一郎》的电影。徐增宏导演，韦弘、邢慧主演，改编自古龙的原著。买版权时遇见他，比认识倪匡兄还早。

数年后我返港定居，任职邵氏公司制片经理，许多剧本都由倪匡兄编写，当然见面也多了。

有一次，我们三人都在台北，到古龙家去聊天，另外在座的是小说家三毛。

当晚，三毛穿着露肩的衣服，雪白的肌肤，看得倪匡和古龙都忍不住，偷偷地跑到她的身后，一二三，两人一齐在左右肩各咬一口。

可爱的三毛并不生气，哈哈大笑。

那是古龙最光辉的日子，自己监制电影，电视片剧又不停地著作。住在一豪宅中，马仔数名傍身，古龙俨如一黑社会头目。

个子长得又胖又矮，头特别大，有倪匡兄的一个半那么巨型，留了小胡子，头发已有点秃了。

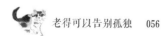

"我喜欢洋妞，最近那部戏里请了一个，漂亮得不得了。"古龙说。

　　"你的小说里从来没有外国女人的角色。"三毛问，"电影里怎么出现？"

　　"反正都是我想出来的，多几个也不要紧。"古龙笑道，"有谁敢不给我加？"

　　"洋妞都长得高头大马。"我骂古龙，"你用什么对付？用舌？怪不得你还要留胡子。"

　　大家又笑了，古龙一点不介意，一整杯伏特加，就那么倒进喉咙。是的，古龙从来不是"喝"酒，他是"倒"酒，不经口腔直入肠胃。

　　这次国泰开始直飞往美国三藩市，要我们来拍特集，有李绮虹、郑裕玲和钟丽缇陪伴。倪匡兄在场，哈哈哈哈四声大笑后说："有美女、好友作乐，人生何求？"

　　话题重新转到三毛和古龙。

　　"我和三毛到台中去演讲，来了七八千个读者，三毛真受欢迎，当天还有几个比较文学的教授，大家介绍自己时都说是某某大学毕业。轮到我，我只有结结巴巴地说我只是小学毕业。三毛对我真好，她向观众说：'我连小学都还没毕业。'"倪匡兄沉入回忆。

　　"听说古龙是喝酒喝死的，到底是不是真的有这么一回儿事？"郑裕玲问。

"也可以那么说，我和古龙经常一晚喝几瓶白兰地，喝到第二天去打点滴（台湾用语，吊盐水的意思）。"倪匡兄说，"不过真正原因是这样的，有一次古龙去杏花阁喝酒，一批黑社会来叫他去和他们的大哥敬酒。古龙不肯。等他走出来时那几个小喽啰拿了又长又细的小刀捅了他几刀，不知流出多少血来，马上送进医院，医院的血库没那么多，逼得向医院外面路边的吸毒者买血。血不干净，结果输到有肝炎的血液。"

我们几人听了都啊得一声叫出来。

倪匡兄继续说："肝病也不会死人，但是医生说不能喝烈酒了，再喝的话会昏迷，只要昏迷了三次，就没有命。医生说的话很准，古龙照喝不误，结果我听到他第三次昏迷时，知道这回已经不妙了。"

"古龙对于死有迷恋的，他喜欢用这个方式走。"我说。

倪匡兄赞同："三毛对死也有迷恋。"

"听说她以前也自杀过几次。"郑裕玲说。

"唔。"倪匡点头，"古龙死的时候，才四十八岁，真是可惜。"

倪匡兄仔细描述古龙死后的怪事："他那么爱喝酒，我们几个朋友就买了四十八瓶白兰地来陪葬，塞进棺材里。他家人替他穿了件寿衣，古龙生前最不喜欢中国服装的，还替他脸上盖了块布，我们说古龙那么爱喝酒，不如就陪他喝吧，结果把那几十瓶酒都开了，每瓶喝它几口，忽然……"

"忽然怎么啦？"我们紧张得不得了。

倪匡说："忽然古龙从嘴里喷出了几口很大口的鲜血来！"

"啊！"我们惊叫出来。

"人死了那么久，摆在灵堂也有好几天，怎么会喷出鲜血来？这明明是还没有死嘛，我们赶快用纸替他擦口，不知道浸湿了多少张纸，三毛和我都说他还活着，殡仪馆的人一定要把棺材盖盖上，他们怕是尸变。我一直抱着棺材，弄得一身涂在棺材上的桐油。"

"结果呢？"我们追问。

"结果殡仪馆叫医生来，医生也证明是死了，殡仪馆的人好歹地把棺木盖上，我也拿他们没有法子。"倪匡兄摇头说。

听了吓得郑裕玲、李绮虹和钟丽缇三位美女失声。

"都怪你们在古龙面前喝，他那么好酒，自己没得喝，气得吐血！"我只有开玩笑地把局面弄得轻松点。

倪匡兄点点头，好像相信地说："说得也是，说得也是。"

陈小姐

第一次遇到陈宝珠小姐本人。

何太太来吃越南东西，和她一起到九龙城的"金宝越南餐厅"去，我做陪客。

陈小姐温文尔雅，名副其实的淑女一名，样子还是那么美丽。

人生总要进入的阶段，陈小姐的也来到了，她给我的感觉只能用英文的 graceful 来形容，字典上这个字译为"优雅的"、"合度的"，都不能表达。

前几天晚上我们一班人吃饭时也讨论过 grace 这个字，研究了它与宗教的关系，是上帝的恩典。A State of Grace 更是上帝恩宠的状态。如果用中文的天赐，也俗了一点。

餐厅吴老板要求与陈小姐合照，作为私人珍藏，由我抓相机。拍后我也不执输，和她一起拍了一张。大叫："发达啰！"

饭后驱车到花墟散步，陈小姐没有来过，处处感到新奇，花名问了又问。

"这是什么？"她指一堆植物问。

　　"猪笼草。"我说，"由荷兰进口，改了一个'猪笼入水'的名字，卖得很好。"

　　"香港人真会做生意。"她说。

　　这时出现了一位中年妇女，兴奋地招呼宝珠姐。陈小姐转身一看，即认得她，向我说："是我的影迷。"

　　影像即刻出现了两帮人大打出手的回忆。陈小姐问她："今年多少岁了？"

　　"四十七。"她含羞回答。

　　"姐姐呢？"陈小姐还记得。中年妇女即刻用手提电话联络，陈小姐亲切地和她谈了几句，收线后告诉我姐姐当年更是疯狂。

　　中年妇女还讲了一个秘密，原来陈小姐是懂得种花的，但她一直没提起。

　　"叫我宝珠，或英文名字。"她向我说。

　　我微笑不语。叫陈小姐，因为在我们的心目中，她永远是小姐。

沈宏非

　　国内写食经的人不少，沈宏非是很出色的一位。他主编《都市画报》时，曾寄给我阅读，但总没机会见面。这次去广州，先打了一个电话给他。

　　约在一家叫"流金岁月"的沪菜馆，是他推荐的。沈宏非在上海长大，来了广州十多年，讲得一口流利的粤语，还是怀念家乡菜。

　　地方不错，开在天河区中信广场。记得事前友人告诉我：沈宏非是一个胖子，飞机座位辛苦，我的脑海里即刻出现相扑手，上洗手间也得假手于人。

　　沈宏非一出现，略肥罢了，笑嘻嘻像一尊弥勒佛。

　　对谈之中，发现他的观察力很强，好奇心重，这都是当食评者的条件。于一九六二年才出生的他，经"文化大革命"，没什么好吃的，如果不具备乐天的遗传基因，是不行的。

　　"流金岁月"的各种沪菜齐全，还有蛤蜊蒸蛋，当今香港没有几家上海馆做得出，上海师傅们都没试过。

我请沈宏非点菜，因为这家馆子他去得熟，结果叫了几个冷菜都是我喜欢的，像黄泥螺，用啤酒冲过，没那么死咸，很可口。

　　又有醉蟹和抢虾，后者用当归浸了，与普通抢虾不同，这三种生东西吃得津津有味，再叫多一碟，老板娘笑着问："吃多少碟为止？"

　　我也笑着回答："吃到拉肚子为止。"

　　沈宏非大表赞同。

　　我们谈起上海的餐厅，说到包子，大家意见一致，是淮海路上那家最好。

　　这一生遇到不少好吃的人，懂得吃的人，没有一个不说肉类之中，羊肉最佳，他也是。

　　沈宏非还说："有些人说羊肉做得好的话，一点也不膻，这简直是放屁。"

　　大家笑成一团。

原老板娘

不知不觉，来了冈山县的汤原的旅馆"八景"，已七年。

有些人喜欢装修得高贵的温泉酒店，我却对这种乡村味的旅馆情有独钟，来到这里像回家，前来迎接的老板娘更给我亲切的感觉。

"我今年四十二岁了。"她说。

个子矮小，但面孔非常漂亮，胸脯之高，蔚为奇观，团友们都叫她日本朱茵。

第一次见面，她三十五，狼虎之年，艳丽得诱人。当今看来，依然风情万种，一点也不觉老。

温泉旅馆一般的老板娘，日本人叫为"女大将"的，多为受聘者，汤原这位是真正的主人，家庭富裕，但就是爱上旅馆这一行，由建筑到管理都亲力亲为。

每年来总看到进步，屋顶多了一个露天浴室，房间翻新又翻新，但不失传统，充分表现祥和和宁静的气氛，是别的旅馆少有的。一点一滴的更新，可见老板娘的心血，全副精神都摆在这家旅馆里面。

到达后先去地下的大浴池浸一浸，这里的泉水无色无味，异常润滑，被誉为"横纲"，温泉之冠军的意思。

室外的，在河的一旁，共有大热、中温和略凉三个池子，为男女共浴，日本已经少之又少，连北海道乡下的，也已经分为男女。

出发前的黎明，在屋顶上的露天池中再浸一次，池子旁边竖着木牌和小网，由老板娘以美丽的书法写着："泉水的舒适，昆虫飞蛾也迷恋，如果跌进池中，请心灵优秀的客人捞起，救它一命。"

食物还是那么丰富，皆为山中的野菜和溪里的活鱼，团友酒醉饭饱，问我说："老板娘和朱茵，你选哪一个？"

我笑道："当然是老板娘，朱茵说婚前不许有性行为，老板娘应该不反对吧？"

同学

旅行时，把记忆留下，有些人用相机，我则用文字。但这两种方式都不能与当地人发生接触，对一个地方的观察不够深入。就算你够胆采取主动，语言也是一个很大的障碍。

最好的办法莫过于画画，拿了一张纸头和笔墨，见有趣的人物画张漫画，对方一看，笑了出来，朋友就好交了。

画得像是不容易的，所以要找好老师，有什么人好过尊子呢？有晚一起吃饭，我向他强求："请你做我的师傅吧！"

尊子笑了："画画不难，一定要找到一个符号。大家对这个人的印象是什么？你把他们心中想到的画出来，就像了。"

说得太玄，太抽象了，不懂。

"还是到你家去，当面再过几招给我行不行？"我贪心得很。

"先过我这一关。"尊子太太陈也说。

"嗯？"我望向她。

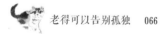

"先带几个俊男给我看看，我喜欢的话就叫尊子收你为徒。"陈也古灵精怪地说。

　　"要带也带美女去引诱尊子，带俊男给你干什么？"我问。

　　陈也笑得可爱："美女我也喜欢，照杀不误。"

　　一时哪去找那么多俊男美女？不让我登门造访，只有等下次聚餐带上纸笔，在食肆中要尊子示范给我看看。

　　大家见面，尊子带了一本美国著名漫画家 Hirschfeld 的作品集给我。

　　"看了这本书，自然学会。"他说。

　　记得第一次拜冯康侯先生学书法时，他拿出一本王羲之的《圣教序》碑帖，向我说："我也是向他学的，你也向他学。我不是你老师，你也不是我学生，我们是同学。"

水王

四十年前我在日本留学时，"同居"一室的老友徐胜鹤，是一个名副其实的水王。

办公室的书桌底下，藏有一大箱的矿泉水，都是一公升装，随时拿出来干掉一瓶。家里更多，由三位固定的、一个钟点的家务助理轮流服侍。四人都是中国人，不停地提供茅根竹蔗水、菊花茶、豆浆和果汁给他喝。

奇怪的是，拼命喝水的他，不见流一滴汗。

茶非他所好。没水时，从清晨至下午三点可以喝点龙井等绿茶。三点过后，一喝就睡不了觉。

说到睡觉，一起到北海道时，不管天气多冷，他绝不盖被。他说，身体好，是多喝水的关系。

徐兄一家三口，太太和女儿都不像他那么爱喝水。女儿徐燕华这一点倒和我一样，一瓶矿泉水喝三天都喝不完。

"你们不喝水，就有毛病。"这是胜鹤兄每次看到我们都说的话。

燕华和我笑嘻嘻，尽管你说些什么，一样也听不进去。啤酒大瓶的喝半打，没问题，白开水怎能喝那么多？

从日本留学回来后，我们是新加坡人，但都留在香港发展，我做电影工作，胜鹤兄在旅游界建立他的王国。

"星港"目前是香港接待日本游客最大的公司，拥有巨大的写字楼，数十辆旅游巴士，随街可见。

已经能够养尊处优的胜鹤兄，还义务当我的经纪人，最近我常往广州跑，他也一起去。有时只过一夜就回来，但他的手拉行李箱沉甸甸，重死人也。不知道装了什么，一直没问。

直到前几次才偷窥一下，原来藏有四五支大矿泉水。

"你们不喝水，就有毛病。"他又说燕华和我。

我们照样笑嘻嘻，但这次燕华大伤风，传了给我。两人直打喷嚏，只不传染给胜鹤兄。看样子他的话不错，今后要学他，做个水王。

自信

第一次见成龙，是在电影摄影棚里。一条古装街道，客栈、酒寮、丝绸店、药铺。各行摊档，铁匠在叮叮当当敲打，马车夫的呼呼喝喝，俨如走入另一个纪元，但是在天桥板上的几十万烛火刺眼照下，提醒你是活在今天。

李翰祥的电影，大家有爱憎的自由。一致公认的是他对布置的考究是花了心血，他对演员的要求很高，也是不可否认的。

现在拍的是西门庆在追问郓哥的那一场，前者由杨群扮饰，后者是个陌生的年轻人，大家奇怪，为什么让一个龙虎武师来演这么重的文戏？

开麦拉一声大喊，头上双髻的小郓哥和西门庆的对白都很精彩。一精彩，节奏要吻合，有些词相对地难记，但是两人皆一遍就入脑，没有NG过。李导演满意地坐下："这小孩在朱牧的戏里演的店小二，给我印象很深，我知道他能把这场戏演好，怎么样？我的眼光不错吧？"

成龙当了天皇巨星以后，这段小插曲也跟着被人遗忘。

这次在西班牙拍外景，我们结了片缘，两人用的对白大多数时间是英语。

为什么？成龙从前一句也不会讲，后来去美国拍戏用现场同步收看，又要上电视宣传，恶补了几个月，已能派上用场。回来后，他为了不让它"生锈"，一有机会就讲。

他说："我和威利也尽可能用英语交谈。"

"我们两人都是南洋腔，你不要学坏了哟。"我笑着说。

"是呀！你们一个新加坡来，一个马来西亚人，算是过江龙，就叫你们做新马仔吧！"成龙幽了我们一默。

从故事的原意开始，成龙已参加。后来发展为大纲、分场、剧本、组织工作人员、看外景、拍摄，到现在进入尾声，已差不多半年，我们天天见面，认识也有一二。但是，要写成龙不知如何下笔，数据太多，又挤不出文字，就把昨天到今晨，一共十几个小时里所发生的事记录一下。

我们租了郊外的一间大古堡拍戏。成龙已经赶了几日夜班，所以他今天不开车，让同事阿坤帮他驾驶。坐在车上，我们一路闲聊。

"你还记得李翰祥导演的那部古装片吗？"我忽然想起。

他笑着回答："当然，大概是十年前的事了吧？那时候我也不明白李导演为什么会找我。杨群、胡锦、王莱姐都是戏骨子，我也不知道哪来的

· · · · ·

· · · · ·

· · · ·

勇气，只好跟着拼命啰！"

"大家看了《A计划》后，都在谈那个由钟塔上掉下来的镜头。到底真实拍的时候有多高？"我问。

"五十几英尺，一点也不假。"他说，"其实也没有什么了不起，我们拍之前用一个和我身体重量一样的假人，穿破一层一层的帐幕丢下去。试了一次又一次，完全是计算好的。不过，等到正式拍的时候，由上面望下来，还是怕得要死。"

成龙并没有因为他的成名而丧失了那份率直和坦白。

到达古堡时天还没有黑，只见整个花园都停满演职员的房车、大型巴士、发电机、化妆车。

灯光器材、道具、服装等等的货车，最少也有数十辆。

当日天雨，满地泥泞，车子倒退前进都很不容易。阿坤在那群交通工具中穿插后，把车子停下，然后要掉转。

成龙摇摇头："不，不。就停在这里好了。"

"为什么？"阿坤不明白，"掉了头后收工时方便出去呀！"

"我们前面那辆是什么车？"成龙反问。

"摄影机车嘛！"阿坤回答。

成龙道："现在外边下雨，水滴到灯泡会爆的，所以不能打灯，到了。　　　。　　　　　　。　　　。

。　　　。　　　。　　　。　　　。

。　　　。　　　　　　。　　　。

天黑，我们的车子对着它，万一助手要拿什么零件，可以帮他们用车头灯照照。"

阿坤和我都没有想到这一点，因为当时天还是亮着。

进入古堡的大厅，长桌上陈设着拍戏用的晚餐，整整的一只烤羊摆在中间，香喷喷的。饭盒子还没有到，大家肚子咕咕叫，但又不能去碰它，这就是电影。

镜头与镜头之间，有打光的空当，成龙没有离开现场。无聊了，他用手指沾了白水，在玻璃杯上磨，越磨越快，发出"嗡嗡"的声音，其他初见此景的同事也好奇地学他磨杯口，嗡嗡巨响，传到远方。

叫他去休息一下，他说："我做导演的时候不喜欢演员离开现场。现在我自己只当演员，想走，也不好意思。"

消夜来了，他和洪金宝、元彪几个师兄弟一面听相声一面挨干饭。听到惹笑处，倒在地上爬不起来。

天亮，光线由窗口透进来，已经是收工的时间，大伙拖着疲倦的身子收拾衣服。我向他说："我驾车跟你的车。"

"跟得上吗？我驾得好快哟，不如坐我的车吧。"他说。

他叫阿坤坐后面，自己开。车上还有同事火星，火星刚考到驾照，很喜欢开车，成龙常让他过瘾，但今早他宁愿让别人休息。

火星不肯睡，直望公路，成龙说："要转弯的时候，踩一踩煞掣，又放开，又踩，这样，车子自然会慢下来。要不然换三波、二波也可以拖它一拖，转弯绝对不能像你上次开那么快，记得啦！"

　　"学来干什么？"火星说。

　　"你知道我撞过多少次车吗？"成龙轻描淡写，"我只不过不要你重犯我的错误。"

　　成龙继续把许多开车的窍门说明给火星听，火星一直点头。

　　"我们现在天时、地利、人和都在，所以我才讲这么多。有时，我想说几句，又怕人家说我多嘴，还是不开口为妙。"最后，他还是忍不住再来一句，"开车最主要的是让坐在你车子里的人对你有自信，他们才坐得舒服。其实，做人，做什么事都是这一道理，你说是不是？"

口吃先生

想起李允中先生。

他是一个很有个性的演员，一生干电影，曾经担任过重要的角色，到后来还是特约一名。香港开拍的戏渐少，他跑到台湾去捞，最后的消息，是他跳楼自杀了。

什么原因？我不想知道，这么悲惨的收场，一定有许多苦楚，打听来干什么？

不过这也许与他那一肚子不合时宜的态度有关。他在一家大机构的餐厅泡双蒸，见到那些不可一世的导演，从不阿谀。

"沉……沉……浮浮。"他说，"我……我……什么……什么……场……场面……没……没有见……见过？"

上海圣约翰大学毕业的李先生，很能讲几句英语："No…No…Big…Big…Big Deal！"

原来，李先生有很严重的口吃毛病，但是，奇怪的是，他一上镜，对白对答如流，永远不会让导演喊 NG。

一般他认为可以交谈的人，会发觉他很友善，最喜欢帮助新入行的同事，也常买酒请收入比他低微的工人。

三杯下肚后，李先生一定讲些笑话给我们听："昨……昨……昨晚……我……我搭……的……的士……回回家……和……和那……那司机……讲……讲……讲了老……老半半天…的话。哪……哪知道……他……都都……不……不回答！"

我们问为什么？

"因……因为……他……他说……我……我……我也口吃……回答……后，怕……怕……你骂！"李先生说笑话，永远板着脸孔，从来不先笑。没有自卑感的他，自嘲说："中……中国……训练……飞……飞飞行员……跳……降落伞……教……教练……说……说……一——一跳……下下来……喊……一、二、三，三后拉扣子……降……落伞……就会……打开。有……有一一个摔……个半死……大家……找到……找到……他，他还……还在说……一……一……一"

窝贴

程校长是山东人，南来已有数十年，我记得他常来家里做窝贴给我们吃。对一个吃惯炒粿条和虾面的孩子，窝贴是很新奇的味儿，所以印象特别深刻。程校长的窝贴，皮薄干脆，中间酿着的肉团子，摇起咚咚有声，蘸上浙醋，美味非常。

南洋的中文教育制度日渐变化，程校长深感不以为然，但亦默默耕耘。他的妻子的年纪比他小很多，甜甜的微笑，慧淑，以前是他的学生，对她的先生，她一直没有改过口地称为程校长。

工作之余，程校长有个兴趣，那便是变魔术，他无师自通，看着书照学，也很有成就，许多难变的魔术他都能表演，让我们一群儿童，有时看得惊叹，有时看得哈哈大笑。一天，程校长忽然宣布他不教书了。大家劝他留下来，他很固执地摇头，问他要干什么？他说："最多，回大陆去！"

带着些微薄的储蓄，程校长和他太太告别亲友，便上路了。

据说程校长到了老家，已面目全非，亲戚们见他手头不阔，也少来往。

干部问道："你能干些什么？"程校长想了想："我会变戏法。"

之后，他和他的爱人，背着笨重木箱，到处漂流，给部队表演他的魔术。

渐渐地，掌声少了，大家也看腻了。

他太太一直当他的助手，怪罪在自己身上："校长，是不是因为我老了？"

程校长摇摇头。

"要不要我替你去找个年轻的女同志代替，校长？"

程校长摇摇头。

当晚，程校长又做窝贴，他太太吃了："校长，为什么味道苦苦的？"

程校长自己也吃了一口："不会嘛，还不是和以前做的一样？"

从此，我们再也没有听过程校长的消息，今天到北方菜馆，忽然又想起他做的窝贴，摇起肉馅子，可没有咚咚的声音。

没有闷场

看到桌上那碟煎咸鱼，倪匡兄说："朋友送了一条很大的马友，我拿了两个玻璃罐，填满油，一头一尾，浸了两罐。"

咸，广东话有好色的意思，叫"咸湿"。

倪匡兄又说："我再把一套线装版的《金瓶梅》放在两罐咸鱼中间，叫'双咸图'！哈哈哈哈。"

"那么你去站在旁边，拍一张照片，就可以成为'三咸图'了。"倪太冷笑话，很冷，没有表情，经常时不时来一句讽刺自己的丈夫。大家听了都笑到从椅子掉地上。

话题转到选美，说整容的，算不算？从前选什么小姐，都不准佳丽们动过手术吧？想不到坐在一旁的谢医生的笑话也冷："那叫不叫有机？"

大家七嘴八舌："当今的，有哪一个没整过容呢？"

"大陆还有一个人造美人竞选，小姐们有的说开过二十几次刀，有的说三十几次。"倪匡兄常在网上看小道新闻，知道最多。

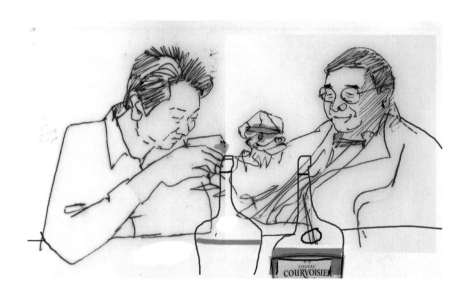

大家都说："上台领奖时，整容医生也应该上台，到底是他的杰作。"

　　倪太胃口很好，倪匡兄反而没吃多少东西，他说："每一天才吃一碗饭，也这么肥，真冤枉。人一肥，百病丛生，最近我走路，愈走愈快。"

　　"那不是健康的象征吗？"大家安慰。

　　倪匡兄说："不是我要走那么快，是我停不下来，过马路时最糟糕，最后只有靠手杖煞车了。"

　　今晚他的心情特别愉快，因为智慧齿不必拔，那是他向牙医求的情，他说罪人也有缓刑呀，医生拗不过他，就放他一马。

　　"回到香港真好，话讲得通。"倪匡兄说，"住旧金山时看医生，我要求一个中国人。去了一看，原来是从台山来的，说了一口台山话，我向他说：你讲英文吧，我至少还可以听得懂一两句。"

　　真是个活宝，吃饭时有他在，从没闷场。

引老友游微博

老友曾希邦先生，是位做学问很严谨之人，一生从事翻译工作，造诣颇深，也曾任报纸编辑数十年，所有标题，经他一改，哪像当今香港的新闻那么拖泥带水又不通。

退休后，希邦兄研究摄影，精美相机数十架，轮流摩挲，玩个不亦乐乎。为了不让记忆力衰退，他能背诵辛弃疾的诗词上百首，也是我极佩服的事。

近年来学习计算机，我们的交流从书信转为传真，再由传真变为电邮。为了更迅速联络对方，我觉得还是引诱他玩微博，随时可以互相传递讯息。

对微博不熟悉的人，觉得要登记一个账号，是非常麻烦的事，我起初也是那么想。如果是做学问的话，花时间学习和研究是可以花功夫的，但如何上微博，像买了一个相机要看那本很厚的说明书一样，不值得花时间。

所以我先请一位叫杨翱的网友代为指导，从一二三做起，一一传授步骤，最终也学会进入了。

要是用 iPhone 手机的话，那更是易事，在 app 中打入 weibo 的字样，马上出现一个像眼睛的符号，可当首页的 icon，一按即出几个空栏，填上你的账号和密码，便可以注册成为微博的网友。

最初，我们互相通"私信"，他不知道怎么收发，我教说："先点击信箱，那个画着邮筒的符号，就可以进入看三个栏目的网页，第一个是'@我的'，第二个是'评论'，第三个就是'私信'了。"

通了之后，我接到他的私信，微博的这个功能可以不必让其他人看到，只要你在对方的"数据"上按了"关注"二字即可。

"玩微博真过瘾，他妈的！"是他给我的私信。

"私信"之外，大家都能观赏的是发在"首页"上的文字，希邦兄发至当今的，共有六十五条。

第一条是："'秀''粉丝''血拼'等字眼的出现频繁，显示中文受污染的程度，已相当严重。采用这一类的音译外来语，是赶时髦，还是想改革古老的中文？"

一下子，三十九个网友的评语"杀"到，有些表示赞同，有些表示反对，大家的文字运用皆有水平，录几段：

"这只是异域文化在融合所产生的吧，不一定是污染那么严重，真要说污染，简化字不是中文最大的污染吗？"

"血拼是多么生动啊，言和意都译到了。我不反对类似这样的外来语，世界大同，也有中国词汇传入外国嘛，无须太介怀。"

"网络的强大抵挡不了这些词语，它能迅速地消除彼此的陌生感，但是，坚信严谨的中国文字仍然占主流，大可不必惊奇。"

总括起来，大家的语气还算客气，但也有些不怀好意的，我们都叫这些人为"脑残"，脑残说："守旧之人必遭历史淘汰！"

"现代用的白话文对于文言文来讲，难道就不是污染？杞人忧天！"

希邦兄感慨地说："破题儿第一遭上微博，略抒有关音译外来语，居然引起众多网友的关注，使我颇感意外。这种热烈反应，也就是微博令人着迷之处。"

另外，他有这种感想："微博像老舍先生写的《茶馆》，在这里面，我跟别人嚷嚷，凑热闹。在这里，我说我讨厌音译外来语，我抱怨这，抱怨那，乱说一通。于是，招来了争执和指责。指责、争执、谩骂、赞扬，都是茶馆里常见的现象，嘻嘻哈哈一阵，事后烟消云散，不必挂在心上，我不会像唐铁嘴那样，被王掌柜撵走。"

我的脾气可没希邦兄那么好，到这年纪了，还听什么冷言冷语？所以我的微博设立了一群护法，是一直关心我的网友，他们撵走"脑残"。

说回希邦兄的微博，关注他的网友愈来愈多，短短一两个月，已有七百多人，他的回复也多了，其中一条说："在微博大茶馆的阴暗角落里，坐着一个白发老头，正在喃喃自语。那老头就是我。我看着刘麻子、松二爷、常四爷等诸多人物，忙着串戏，不敢惊动他们，可是，掌柜的跑来对我说：'别愣着，跟大伙儿谈谈去。'我想，这也好。是的，和大伙儿交流是必须的。"

众网友的评论又"杀"到：

"能在微博遇见您，深感荣幸。"

"这有清茶和大扁儿伺候着您。"

"期待你更多只言词组，多给我们年轻人一些智能的分享。"

我想，最令希邦兄哭笑不得的是，当他发表自己已经是八十六岁时，忽然有位小朋友说："爷爷，你很潮！哈哈。"

老帅

　　杨志卿先生和我在日本拍《金燕子》外景时认识。他很喜欢喝酒，脸和鼻子永远是红的。喝呀，喝呀，觉也不用睡了，第二天照样开工，好像铁打的。大家叫他做"老帅"。

　　住的是榻榻米的大房，中间由纸门隔开。他拿了一瓶日本清酒，一点八公升，一道门、一道门打开找我，我一间、一间地躲开，结果还是很乐意地被他逮住。他是喝酒的老师，教我说："喝酒，只要有三杯白兰地的量，就能打倒对方。比方说在喜宴上，和不相识的人同桌，遇到喜欢闹酒的是件麻烦的事。一般人起初都让来让去。虽然他们的酒量好，但是总不肯一开始就喝。如果有这种情形，最好是先倒满一杯，呱的一声一口把它喝干净了，先来个下马威。接着，你一下把酒瓶抢过来，为自己倒满，他们一看，就再也不敢来逗你！"

　　戏拍完后大家回去，我留在日本，过了一个时期我才路过香港。其他人都忙着本身的工作，没空陪我。听说老帅的脚因为喝得太多而患风湿，在家休养。以为没有时间见面，但他还是一拐一拐地找到酒店看我，手捧着两罐茶叶，这个印象，一直留在脑海。

后来住香港，岳华经常约他和我喝酒，他告诉了我们许多影坛中的趣事，大家听得津津有味。他说话声音洪亮清楚，这是从前演话剧的时候训练出来的。他说："那时，我们一上台，看一看观众，就要想办法把对白说到角落里的人都能听见。"

每年"双十节"的演职员聚会，老帅都参与筹办。一次，他的小儿子由楼梯摔下来死了，家人打电话给他，他还是将大会安排妥，第二天才去办丧事。

他有几个喝酒的老伴，吃晚饭时一人拿一瓶白干放在自己的面前，你喝你的，我喝我的。酒后，喜欢对对句子。

有一晚，只剩下一条黄瓜下酒，作个对联说："一条黄瓜闹三更。"

下一句大家怎么都对不上，老帅懒洋洋地说："两瓶白干惊四座。"

册娜的老板

在汉城，我要喝上等土炮"马嘉丽"，一定到清溪屋去。

经过一条长巷，便抵达一间传统式的韩国平房。走入院子登上了炕，年轻的侍女便会把酒奉上前来。

清溪屋的妈妈生是一个大肥婆，已有五十多岁，她最迷中国电影，当时何梦华导演的《珊珊》在汉城上映，轰动一时，韩国人叫此片为《苏珊娜》。

第一次遇见她，申相玉介绍我是香港来的，是《龙虎门》的制片，她就不管三七二十一地大力抱住我，大喊："啊！苏珊娜的老板！"

我怎么解释说我不是该片的老板，她完全听不进去，对我十分亲切。口水说干了后，我也再不出声，笑着喝酒。

其他地方的马嘉丽都是用鸡粮做的，又黄又酸，只有她家是用白米，酿出来的马嘉丽像雪花挤出来的汁，夏天冻得冰凉，用一大茶壶盛着，一口一杯，香甜到脑子里。

从此，我每到汉城，就往清溪屋跑。

我和妈妈生做了好朋友，不停干杯。

"你呀！"她说，"要是年轻二十年，我就把女儿嫁给你。"

"如果我老二十年呢？"我等着她的答案。

"那你就要我做老婆呀！"她哈哈大笑。我也笑得在炕上打滚。

旁边的客人都瞪大眼睛看我们这两个疯子。

"不过，等我女儿长大结婚。"她醉了，"我一定送你一张飞机票，你非来和我喝一杯不可哦！"

我们用尾指相交，表示允诺。

多年来，我一次次回到汉城，一见面总是两个互相拥抱。拍《乾隆下江南》时，拉了李翰祥导演同去，他看到那大肥婆搂住我，差点没把我挤扁，吓得一跳，不佑我们两人是什么关系。

回到香港，照样的枯燥的工作，又飞尼泊尔，又飞印度，我已经好久没尝到好的马嘉丽。一天，接到一张喜帖，她果然遵守了她的诺言。

令我对人类，又充满了希望和信心。

马上买了更贵重的礼物，踏上旅程。

哈哈，这次可真的把我乐坏了。两人依然相抱，她高声大喊："拿酒来！"

由乡下来的侍女，双颊给外面的风雪冻得透红，提了一大茶壶马嘉丽和两个碗，我们开始在炕上狂饮。下酒的，是全韩国最好的菜。

当天不卖酒，喜宴就设在清溪屋中。被我这远方来客比较下，新郎反而被冷落了。看他笑嘻嘻不在乎，耐心地望着新娘等待着洞房花烛夜。

"斯界贝尔！"妈妈生大力地拍新郎的头，是日语的"色鬼"的意思。

"妈！"她的女儿抗议。新郎也懂得几句日语："大丈夫！大丈夫！"不要紧的意思。

妈妈生和我继续牛饮，韩国人的习惯，是我干了一杯后，把空杯子给我的敬酒的人，他干了，再把杯子还给我。我们用的不是杯，而是大碗。

再喝便要醉了，我心想。手一停，两碗酒摆在我面前，妈妈生说："这叫戴眼镜！对韩国人来讲，是丢脸的事！"

我当然不能丢脸。

"醉了就睡在这里！"她命令，"喂，今晚陪他！"

那个红颊侍女"呢侬！"的一声是，便把大腿当枕头，扶我躺下。

当晚，是我人生中最高兴的一夜。唯一遗憾是醉得不清不楚，做了什么都忘记了。

雪融了，特别冷，我一下子又到热死人的国家去工作。飘游，一逛又几年。

前几天回到汉城，经过长巷，还是那间传统的韩国平房，走入院子登上炕。但是没有人来拥抱我。

"三年前她把这家店卖给我。"另一个肥女人说，"我不知道她去了哪里。"

走出那条长巷，又下雪了。忽然，我转头，以为听到有人在喊："苏珊娜的老板，下次一定要来唷！"

乌龟公阿寿

很久之前，我在台北工作，住第一饭店，一泡就是两年。

那小房间就是我的家，里面堆满了翻版书，这种东西在台湾最便宜，不买是罪过。

看书看到半夜，肚子饿，没有厨房，我一定横过马路，跑到对面的大排档去吃炒面。这摊子的老板四十多岁，对工作一丝不苟，先爆蒜茸，生面炒个半熟，加上汤滚，又把一大锅的面分成六七份，各份均等地放入鲜鱿、五花肉、葱菜、鸡蛋、腊肠和虾，翻炒一下，撒上猪油渣、炸小红葱后上桌。那面入口，不软也不硬，香甜到极点。

多年后重游，想起那家炒面口水直流，即奔该大排档，已不见影踪。

不死心，到附近的商店去打听，没有人记得，因为他们也是新搬来的。最后，找到一间简陋的杂货店，那干瘪的老太婆说："你是讲阿寿是吗？他的福建面好好吃哷！"

"对呀！对呀！就是他！"我开始看到了希望，"他人在哪里？"

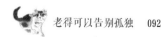

"面不卖，去做乌龟公了！"老太婆说。

乌龟公，即妓院老板。我心想："他妈的，真有种！"

老太婆也不知道他的地址。我对自己有个交代，以为事情告一段落。

最近在西门町，看到一个熟悉的背影，马上高兴大喊："喂，阿寿！"

"是你呀，蔡先生，好久没见！"阿寿并没有忘记我。

看他一身新衣服，头发染得乌油，真有点龟公相，单刀直入地问："听说你做了乌龟公，是真的？"

阿寿尴尬地点点头。

"不过，"他说，"做乌龟公不算是一件羞耻的事！"

"我不反对。"我同情他还是羡慕？

"真巧，我刚从监牢放出来，她们给我钱去理完发。我们先到一条龙去喝几杯吧！"阿寿也高兴起来。

三杯下肚后，这是阿寿的故事。

有一晚，来了七八个女人，她们都是附近做酒家女和舞女的，常来消夜，大家都很熟悉。她们叫了半打绍兴，吃到醉了。

"喂，阿寿。"其中一个说，"过来饮一杯，我敬你！"

我心里想老婆刚跟团去日本玩，自己一个也无聊，就关了铺和她们吃酒。

"今夜这一顿算我请了！"我一喝醉就很大方地说。那几个女子高兴得跳起来，说我人真好。我一想起赚的钱全部给老婆拿去花，就有气，叹了一声："做人，不如做猪哥。"

　　"猪哥有什么好？"那个五月花说。

　　"赚钱！"我回答。

　　大家都笑得由椅子上滚下来。

　　皇后说："不如我们请你做猪哥！"

　　那一群女的都赞成："对了，我们免费替你服务，赚到的大家分，但是还有一个条件，就是要你炒面给我们吃！"我当时把心一横，就一口答应下来。

　　说话之间，她们租了一间房，我也把所有的钱给了我老婆，反正都是她抓着，收了面档跟着那群女人跑了。

　　起初大家都在酒家做，白天接客，半业余。钱赚得刚刚开销，大家乐融融，一块儿吃炒面。我分配她们，也和炒面一样，很平均，而且你知道我做事一丝不苟，她们都很欢喜。

　　后来生意慢慢变好，她们干脆不当番，一天到晚吃这嘴饭，又招了许多姐妹，一下变成二十多个。

　　问题来了，生意大家争，炒面也要抢着先吃，结果给一个新来的坏女

095 友朋

人告到警备所，把我抓进去。

　　她们哭得好伤心啊！一个个轮流来探监，那个守卫假装看不见，她们隔着铁条门，用手替我来一下。

　　两年很快过去，她们今晚等我回家吃饭，我不知去还是不去，因为我听说这桌菜，是一档噜肉饭的老板在家烧的。

丁茜

星海之中，不是颗颗闪亮，其中一位叫丁茜，少人记得。

一九四四年出生，香港人，年轻时已很有理想，演话剧多出，为垦荒剧团的台柱。用"垦荒"这个名字，确实是这个意思，话剧界当年在香港是不受重视的。

后来，她走入南国实验剧团，邵氏的演员训练班，由顾文雯先生主掌，造就不少红明星，像郑佩佩和岳华等人。

本名周坚子的她，一九六四年毕业后签约邵氏，当基本演员，她的面貌和演技皆突出，只是个性孤僻，一直没有担正。

参加作品有《欢乐青春》《金石情》《钓金龟》，台湾片名为《我爱金龟婿》《女校春色》《女子公寓》《亡命徒》等。

《女校春色》全片在东京拍摄，由邵氏请来的日本导演井上梅次担任，是他的旧作改编的。

其他导演，要是一有重拍的机会，一定把之前犯的过失修正，或加入新的元素、角度和剧情，至少在人物的描写上多下一点功夫，但，不是我们的井上梅次，他要求的只是片酬和速度，原封不动。

原片丁茜看过，对井上梅次甚为不满，虽然导演诸多爱护，但她不领情，有次还当面破口大骂导演，我见到了颇为欣赏。

基本演员，入息有限，当年外景时公司提供外景零用和免费餐饮，丁茜一一省下，到了吃饭时间就拼命大吃大喝。

扮演校长的是资深导演沈云，一直劝丁茜别吃那么多，会吃出毛病来。丁茜不听，结果真的病倒，弄到要送医院。当今提起虽是小事，那时候真的弄得工作人员手忙脚乱。

丁茜的茜，念成"倩"，是 qian 第四音，但一般广东人多叫西，既然是西，她与一位同期的学生拍拖，把他的名字改为丁东，据称后来两人也结了婚。

丁茜，若在街上遇到时，记得向我打一声招呼呀。

莎菲姐

报上传来欧阳莎菲美国病逝的消息，闻后甚怅。

生于一九二四年九月九日，本名钱舜英，江苏吴县人，十四岁到上海惠罗公司当店员，十六岁考入金星影业演员训练班，成为最小的学生，十七岁就拍《春水情波》。

抗战胜利后，主演屠光启导演的《天字第一号》，红遍全国，嫁了给他。后来交上有妇之夫洪叔云，造成婚变。

六十年代在港签为邵氏基本演员，转为老角。一九七九年在美国又和屠光启再度结婚，八十年代初到台湾拍电视剧，最后又回到美国去。

在东方，一代巨星并不受尊重，没有像外国一样，一出场就被全体起立敬礼的厚待，她在邵氏片厂的那几年，甚为低调，不太出声。

我们到底是传统教育长大的，当然对这些前辈毕恭毕敬，一直以莎菲姐称呼，她心中有数，点头称许。

合作了《齐人乐》和《女子公寓》，我当年甚感工作的压力，忙得团团乱转，也没有好好坐下和莎菲姐长谈，至今后悔。

只记得闲时大家聊了几句，莎菲姐用的是名副其实的吴语，非常温柔，讲话时有种慢吞吞、风情万种的感觉，好听极了。

莎菲姐坦白可爱，有什么说什么。谈起了屠光启，她说那个死鬼，不提也罢，反正不是我错在先。淡淡几句，说明是因为屠光启在外胡搞。

电影圈盛传的是，有一奇女子，身上三对奶房，一共有六个咪咪，大家心照不宣，但指的是莎菲姐，连李翰祥也这么说。

我听到了十分反感："你们这些人又没亲自看到，胡说些什么！"

到了我这个年龄，有何避忌？如果回到当时，必然亲自问她，相信以莎菲姐豁达的个性，也会给我一个答案，或是掀起上衣示之也说不定，但绝不带淫意。

若确定了，我也不会公诸于世。让这个谜，和莎菲姐一起，葬于加州。

王杰

娱乐版上，又看到王杰的新闻，说他三年后退出，剃个大光头去欧洲骑电单车流浪，亦说到有人想阻止他复出。

不知是什么道理，每回看王杰的消息，他总是一肚子的怨气。近来看他的访问，也大诉母亲嗜酒好赌，前妻又骗光他的财产，对父亲的评价亦不是很高。

想起王杰八九岁时，常来我家玩和吃东西，很少看到他的笑容，非常有个性，样子可爱到极点，我非常喜欢这个小朋友的。

多年不见，乐坛上出现了一颗新星，以反叛和忧郁扮相见称，歌唱时像撕出心肺，吸引了不少歌迷，后来才知道是王杰。

和王杰的父母交往较深，当年在邵氏宿舍里一块吃饭聊天，偶尔，也和王太太打打台湾牌，赌注不大。

父亲王侠是我交情最深的演员之一，本名王振钊，西安人，随父到台湾，空军官校肄业，早年演话剧，后来报考丁伯骁的亚洲公司，开始拍台语片，好在当年是配音的，那么多年来，王侠的台语还是不灵光。

台湾电影进入了国语片年代，导演潘垒提拔王侠在《金色年代》担任要角，潘垒到了香港，也把他一块带来，签约邵氏当基本演员。流行拍"零零七"式的电影，王侠被女主角引诱上床时，导演要学足西片，叫他在胸上粘上假毛。当年化妆术不佳，像两团胸罩，想起此事，王侠也笑了起来。

回台湾后，王太太在乡村的娘家，留下的地皮值钱，生活过得富裕，听了也安心。

但在香港又与王侠重逢时，发现他的经济情况并不如传闻中那么好，刚巧在监制一部叫《不夜天》的戏，我请他拍了一角，片酬并不是很多，王侠说够了，儿子爱音乐，有钱替他买一个电吉他就是。

不知王杰记不记得此事？记住他人的好事，忘记他们的缺点，也许，怨言就没那么多了。

何藩

有些老友，忽然间想起，特别思念过往相处的一段时光。何藩，你好吗？

让我洗刷记忆吧，何藩是在五十至七十年代，在国际摄影中连续得奖二百六十七次的人，曾被选为博学会士及世界十杰多回，曾著有《街头摄影丛谈》，及《现代摄影欣赏》诸书。

当年，阳光射成线条的香港石板街、菜市、食肆，皆为他的题材。虽然以后的摄影家们笑称，这类图片皆为"泥中木舟"的样板，但当年不少游客，都被何藩的黑白照吸引而来，旅游局应发一个奖给他。

硬照摄影师总有一个当电影导演的梦，何藩不例外，一九七〇年拍摄实验电影《离》，获英国宾巴利国际影展最佳电影。

之前，已加入影坛，当时最大的电影公司有邵氏和电懋，他进了前者，在《燕子盗》一片当场记，影棚的人看他长得白白净净，做演员好，就叫他扮饰妖怪都想吃的唐僧，最为适宜，一共拍了《西游记》《铁扇公主》

和《盘丝洞》数片。

还是想当导演，一九七二年导演首部作品《血爱》之后，以执导唯美派电影及文艺片见称。

何藩每次见人，脸上都充满阳光式的微笑，和他一块谈题材，表情即刻严肃，皱起八字眉，用手比画，像是一幅幅的构图和画面已在他心中出现，非常好玩。

也从来没见过脾气那么好的导演，他从不发火，温温吞吞，公司给什么拍什么，一到现场，他就活了。

有多少钱制作他都能接受，他以外国人说的"鞋带一般的预算"，在一九七五年拍了一部叫《长发姑娘》的戏，赚个满钵。

所用的主角丹娜，是一位面貌平庸的女子，但何藩在造型上有他的一套，叫丹娜把皮肤晒为黝黑，加一个爆炸型的发式，与清汤挂面的长发印象完全相反。她又能脱，实在引死不少年轻影迷。

何藩已移民外国，听说子孙成群，不知近况如何，甚思念。

吃茶去

　　程氏夫妇，认识多年，他们曾在新加坡住过一个时期，返港后我们经常聚会。育有二子，除上学，还身教，一有假期就带他们到世界各个都市的博物馆，并享受名厨美食。

　　大家没有联络已久，一日，接母亲电话，见面时，母样子依旧，小儿子已经长大成人，彬彬有礼，是位好青年。

　　问近况："对什么最有兴趣？"

　　"饮食。"儿子程韶伦回答。

　　真奇怪，友人子女，都想干这方面的东西，大概是与从小吃得好有关系。

　　"干餐厅，很黏身。"我说。

　　"不是。"他妈妈说，"你先听听他的。"

　　"你知道的，我们家族和云南的关系很好。"程韶伦说，"我一向爱喝普洱茶，便顺理成章地想做普洱茶生意了。"

"那更糟糕,要辨别普洱茶的真假和好坏,最少也得再花几十年工夫。"

"不是卖茶饼,而是现喝的。"他说。

原来,程韶伦大展拳脚,购入最新机器,在最卫生干净的环境下,采集天然森林生长的大叶种乔木茶,其中有树龄三百年以上的野放古茶树,和五十年以上的有机茶树,不需要施用化肥和农药,以高科技提炼出普洱精华来。他取出样版给我看,是牙签纸筒般大的包装,一撕开,浸入滚水或冷水中,即刻溶化。

对味道还是表示怀疑,我喝了一口,不错不错,刚好要出门旅行,喝他的普洱精华,早、中、晚餐都来一杯,方便到极点。程韶伦也做过 SGS 检验报告,证实此精华的儿茶素、茶多酚含量高达百分之六十二点九,这些活性成分有强烈的抗氧化、抗病毒和防癌防老的作用,一杯相当于六杯传统茶。

名为"吃茶去",汉狮集团出品,当今已在市面上,可在置地和圆方的"Three Sixty 超市"、九龙城"永富"以及小店"一乐也"买得到。

倪家弟弟

　　新加坡国立大学一名女学者王素琴，荣获美国制造工程师学会的杰出青年奖。

　　而推荐她角逐的是导师倪亦靖教授。

　　倪亦靖是倪匡和亦舒的弟弟。

　　得奖论文主要探讨如何将两种人工智能的方法结合起来，分析跟改良产品的设计和生产过程。

　　你看到这里，不知道我说些什么吧？不要紧，我也不知道说些什么。

　　十多年前，倪亦靖也被选为美国制造工程师协会的杰出青年。

　　一九四八年出生的倪亦靖，五岁时随家人来香港，一九六八年留学英国，一九七四年到新加坡国立大学执教，一九八四年成为新加坡公民。

　　倪家一共有七个兄弟姐妹，亦舒长得最漂亮，而倪亦靖最英俊，不做小说家的话，当演员也行。

　　记得我带队到新加坡出外景时，倪亦靖一家五口来看过我，他太太是

马来西亚人，喜欢摄影和书法，和科学怪人式的教授怎么跑在一起？令人费解。

生的三个女儿可是美丽得不得了，大的一直要我带她当明星，我说等大学毕业再说，现在她大概改变主意了。

倪亦靖在小学五六年级时也对写文章很有兴趣。倪匡兄有一本很厚的中文辞典，里面汇集了巴金、朱自清等名作家的词句，倪亦靖背熟后作文的分数很高。亦舒高他一年级，有一次，看到亦舒有篇文章，问为什么跟他写的差不多？原来是抄他的。

看着他哥哥和姐姐的小说，倪亦靖半开玩笑地说："我也能写呀，但是没有写好啊，只有写这种（指着桌上的《国际生产研究杂志》学术论文）。现在写这种东西还给人家笑，问我是不是科幻？"

利女笔

很高兴，又很激动地收到樊善标先生编的《犀利女笔——十三妹专栏选》。数年前，我拍电视节目时访问了香港中文大学图书馆，负责欢迎我的就是樊先生，他知道我欣赏十三妹的文章，拿出珍贵的资料，原来他是一位研究十三妹的学者。

两人有了共同语言，话甚投机，我告诉他多年来有一个想法，那就是把十三妹写过的专栏聚集成书，樊先生也认为是件非常值得做的事。

可惜俗事缠身，一拖再拖，当今看到我做不成的事，由樊先生实现了，不害羞地当成完却了一桩心愿。到底，由学术上挑选十三妹专栏，是比我这种调皮捣蛋的角度来取舍好得多。

借这个机会，我还要说出一桩憾事，那就是我在做资料搜索时，曾经向《旧梦须记》系列的主编卢玮銮女士借取了一些十三妹的剪报，后因搬家数次，已经遗失，不得归还。此事让我耿耿于怀，对卢女士抬不起头来。不过我知道数据还是珍贵地保留着，一天查到，必然双手奉上，以求谢罪。

来港后，我从前辈朱旭华先生那里得知十三妹这位作家，对她发生兴趣，多年来不断地搜集有关她的文字，后来以她为主角，写了《追踪十三妹》的上下两本小说。为了令人物活生生，也加了不少性爱描写，当然被所谓的"纯文学"作者群唾骂，但我不在乎。

　　对《犀利女笔》这本书略为微言的是：十三妹从不露脸，是一极神秘的人物，而书中刊登了她的照片（也不知是否真假），是不忍心看的。

　　此书由天地图书出版，读了才知什么叫做有分量的专栏，五十年前的文字，也绝对不令各位失望。

蔡澜说金庸

记者：我看金庸先生写过一篇文章，说最喜欢跟你一起去玩。

蔡澜：我们很合得来，他很看得起我！我们刚刚从柬埔寨回来，去了一趟吴哥窟。

记者：你跟金庸先生交往多年，对他的印象如何？

蔡澜：他是我最敬佩的人，因为那时候看他的小说，看得入迷了。我最近又在翻看，很好看，写得很精彩。

记者：作品之外，他在生活中是一个什么样的人？

蔡澜：他睡得很晚，早上也很迟起床，然后就看书，看很多很多书，我看看书看得最多的人是他了。他看了也能记下来，记下来可以写出来，这个让我很佩服。

记者：那倪匡呢，你写了他那么多趣事？

蔡澜：他脑筋很灵活，想的东西很稀奇古怪。

记者：他现在旧金山的生活怎么样？

蔡澜：想什么时候起床就什么时候起床，想什么时候吃饭就什么时候吃饭，根本就没有什么规定，逍遥自在。

记者：黄霑又是什么样的人呢？

蔡澜：黄霑在音乐上的才华是不可否认的，对音乐的认识也非常有趣。

记者：你、倪匡、黄霑三人曾主持轰动全港的电视清谈节目《今夜不设防》，当时情况是怎么样的？

蔡澜：那时候，倪匡爱上了一个夜总会的妈妈生，就常常请我们到夜总会去，叫所有的女人都来了。结果我们三个人一直讲话，那些女的就一直笑，变成我们在娱乐她们。我们说既然要花这个钱，让那么多人笑，不如就把它搬去电视台谈同样的东西嘛。那就做了这个节目，话题没有限制，什么都讲，大多是比较好笑的吧。

记者：美食、电影、旅游、友情等人生经历，你都写到书里去了，这些东西你写到最后，对人生的总体看法是什么？

　　蔡澜：乐观对自己很好，但我的乐观是天生的。我们跟整个宇宙相比，只是短短几十年，一刹那的事情，希望自己快乐一点，我在很年轻的时候就懂得这个道理，就一直往快乐这个方面去追求。很多大学做了很多研究，全世界的结论是：最好的人生就是尽量地吃吃喝喝。

古龙和吃

古龙在他的散文集中谈吃，从牛肉面讲起，他最爱"唐矮子"的牛肉面。

唐矮子有个伙计叫王毅军，长得人高马大，腰粗十围，和唐矮子大异其趣，人家就叫他"王胖子"。

"王胖子"出来开店，在新生南路和信义路十字路口桥头，很受欢迎，后来去了美国。

现在还开着的牛肉面铺，只剩下桃源街的老王记了，你到桃源街也看不见老王记的招牌，问的士司机，他们会帮你找到。

至于古龙说的昆明街那一档，我去找过，没发现。古龙形容这家店的老板娘用竹筷子夹牛肉到碗里去的神态，戴着老花眼镜，专注与慎重，简直像选钻石一样。

武昌街和中华路的转角处，有档叫"鸭肉扁"的，古龙说这家人的生意"好得造白"。常去吃，这家人现在还在，而且变成连锁性的铺子，开了好几家。我上次去吃，发现没有从前那么好，鸭肉有点硬，但滋味还是好过其他的。"鸭肉扁"和香港卤水鹅的做法基本上相同。

餐厅方面，古龙喜欢去永康街的"秀兰"，当今开了两三家，做的是改良过的台式沪菜。古龙偶尔也吃咖喱饭。有一家大排档的老板赚了钱就跑舞厅，遇到古龙。古龙去吃的时候老板故做神秘状偷偷一笑，示意彼此守秘，但也不会在饭上多浇一勺咖喱。

人生配额

倪匡兄说他不饮酒，不是戒酒，而是喝酒的配额已经用完。

老人家也常劝道：一生人能吃多少饭是注定的，所以一粒米也不能浪费，要不然，到老了就要挨饿。

以寓言式的道理来吓唬儿童，养成他们节约的习惯，这不能说是坏事。

最荒唐的是，你一生能来几次也是注定的，年轻时纵欲，年纪大了配额用完就不行了！

哈哈，这种事，全靠体力，不趁年轻时干，七老八老，过什么干瘾？

如果能透支，那么赶快透支吧！

要是旅行也有配额的话，也应该和性一样先用完它。年轻人背了背囊到处走，天不怕地不怕，袋子少几个钱也不要紧。先见识，结交天下朋友，脚力又好，腰力也不错，遇到喜欢的异性，来个三百回合，多好！

年纪一大，出门时定带几张金卡，住五星酒店。但是已不能每一个角落都去，拍回来的照片都是明信片上看过的风景。

大鱼大肉的配额也非早点用完不可。到用假牙时，怎么去啃骨头旁边的肉？怎么去咬牛腿上的筋？怎么去剥甘蔗上的皮。

　　老了之后粗茶淡饭，反而对健康有益。

　　在床上睡觉更是能睡多少是多少。老头到处都打瞌睡，车上、沙发上、饭桌上，但是一看到床，就睡不着，这个配额绝对用不完。

　　我一直认为人体中有个天生的刹车掣，等到器官老化不能接受某些东西的时候，自然便会减少。倪匡的酒也是一样的。他并非用完配额，而是身体已经不需要酒精。

　　这些日子以来，我自己的酒也喝得比以前少得多，觉得是很正常的。我的肝脏已经告诉我，喝得太多不舒服。而不舒服，是我最讨厌的，尽量去避免，不喝太多的酒，不算是一个很大的代价。

　　烟也少抽了，绝对不是因为反吸烟分子的劝告，他们硬要叫我戒烟，我会听从的话，那是来世才能发生的事。

　　白兰地酒一少喝，身体上需要大量的糖来补充失去的。

　　倪匡一不喝酒，大嚼吉伯利巧克力和 Mars 糖棒。一箱箱地由批发商处购买，满屋子是糖果。

　　我也一样，从前是绝对不碰一点点甜东西，近来也能接受一点水果。有时看到诱人的意大利雪糕，一吃就是三英磅。

那么胆固醇有没有配额呢？当然没有啦！在不懂得什么叫做胆固醇的贫苦六十年代，猪油淋饭，加上老抽，已是多么大的一个享受！

而且，胆固醇也分好坏，自己吃的一定是好的胆固醇。

年轻时，看到肥肉就怕，偶尔给老人家夹一块放在饭上，瞪了老半天，死都不肯吃下去。现在看到炖得好的元蹄，上桌时肥肉还像舞蹈家一般地摇来摇去跳动，口水直流，不吃怎么能对得起老祖宗？

胃口随着年龄变动，老了之后还怕胆固醇真笨，现在的配额，取之无穷，用之不尽，快点吃肥肉去吧。

那么因为胆固醇太高，得心脏病怎么办？

肥肉有配额的话，寿命也有配额。阎罗王叫你三更死，你也活不过五更。

因为胆固醇过高而去世的人，也是注定要死的呀！白饭就没有胆固醇了吧！白饭吃太多也会噎死人的呀！

"最怕是你死不了，生场大病拖死别人倒是真的！"老婆大人狂吼。

迷信配额，应该连生病也迷信才对。

儿女一生下来，赶快叫他们来场大病，那么长大之后，生病的配额用光，什么淋巴腺癌、食道癌、鼻癌、胃癌、肝癌就不会生了。老婆大人，您说是不是？

如果长期患病而死，也早在八字上排好的。命苦就是命苦！要是命大，那么遇上贵人，一帖灵药就搞定。起死回生，娶多几个二奶，生下一打半打孩子再翘辫子。

穿的、用的、住的、行的都有配额？即使我这么相信，那么思想绝对没有配额了吧？

各种配额能用完，思想配额将会越储蓄越精彩。所谓思想储蓄，是把你美好的时光记下：印度的泰姬陵、埃及的金字塔，威尼斯、伦敦、巴黎、纽约和香港，都是丰富的储蓄，还有数不尽的佳酿，还有抱不完的美人。只有在生命终结时，思想的储蓄才会消失。

到了那个关头，病也好、老也好，带着微笑走吧。哪会想到什么胆固醇？

身外物、体中神，一切能够相像的配额，莫过于悲和喜。

生了出来，从幼儿园开始被老师虐待，做事被大家打小报告，老婆的管束，养育子女的经济压力等等，我们做人，绝对是悲哀多过欢乐。

虽然，中间有电子游戏机或木头做的马车带来一点点调剂。还有，别忘了，那么过瘾的性生活！除此之外，我想不到做人有任何太过值得庆幸的事了。

把悲和喜放在天秤上，我们被悲哀玩弄得太尽兴！如果人生真的有配额，那么我们的死，一定是大笑而死的！

悼！丁雄泉先生

怀着沉重的心情，告诉大家，丁雄泉先生已经在二〇一〇年五月十七日仙游。

是他女儿美雅传来的电邮，附着一张丁先生的照片，和他写过的一首歌颂雨后夕阳的诗：

> 每天一张新画，五十里长，在这世界，没有一家博物馆可以挂上；我非常非常高兴，只想喝香槟，看到天使，这是一个下雨天，天使在我心中画画和歌唱。

丁雄泉先生的人生，就像他那五十里长的画。气派，是那么的巨大。

大白天他就猛灌香槟，一开几瓶。鹅肝酱牛扒香肠当小食，在客厅中堆积如山。

画室改自学校的室内篮球场，天花板上点着上千管日光灯，各角落布满鲜红的洋葱花，整室厨房味道。地下淌的是作画时余留的色彩，变成一大幅抽象的作品。

丁先生来了香港，我们两人到了餐厅，一叫就是一桌菜，十二道。到了海边，鱼一蒸七八尾，螃蟹龙虾贝类无数，他喜好的蓝色威士忌，也和香槟一样，喝数瓶。

带他来到九龙城街市，食肆去了一家又一家，最后还吃他最爱的水果大西瓜，一人一个。

真正的所谓艺术家脾气，我只有在丁雄泉身上看到，他的放浪形骸，令人咋舌。无比的精力，绝对不像是一个七八十岁的人。

一次和他到日本冈山去吃水蜜桃，温泉旅馆墙薄，他女友的呻吟声，整夜不休。那么雄壮的男人，意想不到，竟会跌倒了不醒。

在他昏迷状态中，去阿姆斯特丹看他，只见双眼瞪着天花板。我连叫数声，无反应，及至快要离去时，似乎看到他眼边有一颗泪珠。

在想些什么呢？是不是大喊："我还要画画，我还要做爱，放我出来！"

这种昏迷的日子，一经数年。家人不想对外公布他的病情，我也再没有提及。只是侧闻他从那篮球场画室，被搬到一个小病房，我心中痛苦倍增，说不出话来。

当今他离去，我们这群好友，应该庆幸，或者悲伤？反应已逐渐麻木，很对不起地向丁先生说一句，不去荷兰参加葬礼。相信他在天之灵，也能理解。

丁先生一定会说："吃吧，喝吧，创作吧。这世界是美好的，充满色彩。"

的确，自从第一次看到丁先生的作品，就被那强烈的色彩深深吸引，从一个只有黑白的宇宙，回到缤纷。

不断地买丁先生的画册，心中佩服，但无缘见面。一次，他在艺术中心开画展，赶去了，见到他被众多记者包围，也不好打扰。

后来多得黎智英兄的介绍，攀谈起来，他说："我一直看你的散文呀。"

这时又惊又喜，两人有无穷的话题。结识多年，有次鼓起勇气，要求向他学画，想不到他即刻点头："我不能教你怎么画，我只可传授你对色彩的感觉。"

也没有接受我拜师之礼，只当朋友，所以我从来没叫他为丁老师，一向以先生称呼。

每年，他会东来，我又尽量到他的阿姆斯特丹的画室学习，知道了原在别人手里那大蓝、大红、大绿的丙稀 ACRYLIC，怎么变化为充满生命、激情的悦目的色彩。

一次，他由画架中取出一幅只有黑白线条的淑女画，对我说："你上色吧。"

悼·

门

雄

泉

先

生

不知道从何来的勇气，我大笔涂上，他也拿起画笔，丙稀喷到我们两人的身上。

"不够，不够。"他命令，"还要大胆，还要强烈，像吃饭，像喝酒，像做爱，放胆做得淋漓尽致！"

最后，我精力已用完，丁先生很给面子，在边款上写着某某年，和蔡澜合写。

他儿子有一个古怪的中文名，叫击夕。事后对我说："父亲一向视作品如宝，不轻易送人，他可以把画让你涂鸦，可见是当你为亲人。"我听了深感欢慰，至今不忘。

因为离他的画室不远，我每次都在阿姆斯特丹的希尔顿酒店下榻，学过画后他陪我散步，送我回去。路经一不知名的大树，两人合抱不了，枝干垂至河面，每次他都感叹："生命力那么强，养着几百万的叶子，大自然是那么美好！"

丁雄泉先生的原画，价值不菲，但他的海报印刷品全球销量惊人。拥有了一张，整个家像照入了阳光，布满花朵，就像那棵大树，一直活了下去。

安息吧，丁雄泉先生。

编书

和倪匡兄闲聊："《天地日报》将我写你的稿子抽出来，要集成一本叫什么《倪匡与蔡澜》的书，你认为怎样？"

"太好了。"他说，"由老友写自己，有什么比这个更快乐的事？要不要写序？"

"你老兄不是说停笔了吗？"

"有什么问题？请出版社派人来家里等着，我一下子就能写好。"

"现在还在编辑，想不到一写，就有一百多两百篇，当成一册太厚了，分两本又嫌麻烦。"

"怎么出都行，要做就做。"倪匡兄说。

我这个人的想法也和他一样，说说就做了。既然他不反对，就能成事。

"从前也有几本《倪匡传》之类的书，现在都绝版了。"

"也没什么好看，绝版更好。"他说，"传记一本正经来写，没什么看头；写来赞美一个人，更是虚伪；写来骂人，都是传记作者想标新立异，

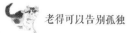

不值得看。"

"那么人物自己写自己呢？"

"除了拼命往脸上贴金，还有什么可读的？人一世，总有黑暗的一面，都想把它埋葬，挖出来干什么？"

"能卖钱啊，像克林顿的《我的一生》（*MY Life*）就赚个满钵。"

"那是欧美才能做到，那边没有翻版，一下子卖千几百万本，捞一笔也不错。反正那些政治家说的话没有一件是真的，从头到尾，都是骗人。"

"东方呢？"

"看书的人愈来愈少，你说能卖得了多少本呢？"他问。

"说的也是，不如叫《天地日报》打消这个主意吧。"

倪匡兄笑了四声："大可不必，当成玩的，什么事都可以做。"

就那么决定，趁这几天得空，把书编好。

光影岁月

我从小就在电影院楼上每天看电影，电影好像流在我的血液里。

在献身电影二十年后，终于明白不可以做自己喜欢的电影，那种带着清新气息的电影，就如他的文章，有明人小品文的韵味。不过至今他仍爱看电影，尤喜法国电影。

酒中豪杰

我们这些享受过香港电影全盛时期的人，非常幸福。当年，拍什么卖什么，领域之大，布满东南亚和欧美唐人街，单单某些地区的版权费已收回成本，所以要求的是量，而不是质。

日本和韩国导演都以快速见称，输入了许多人才。前者有井上梅次、中平康、岛耕二等等，后者除了申相玉、郑昌和，还有张一湖和金容珠。

导演住酒店，带来的工作人员就在宿舍下榻。日本人一休息下来，就到影城的后山海里潜水，捞出很多海胆，当年香港人不会吃，海底布满了，拾之不尽。

韩国人更勤力，每天工作十多二十个小时，难得有空即刻蒙头大睡。醒来，就在房间内制作金渍泡菜，他们不可一日无此君，不吃泡菜开不了工。当年商店没得卖，非自己泡不可。

这一来可好，泡菜中有大量的蒜头，发酵起来，那阵味道不是人人受得了的，其他住在宿舍的香港演职员都跑来向我投诉，我无可奈何，私掏腰包请喝酒安抚。

香港人、日本人、韩国人不和，但有一个共同点，就是大家都是酒中豪杰。香港的酒比他们国家的又好又便宜，收工之后在宿舍狂饮，酒瓶堆积如山。电影工作人员都得付出劳力，一天辛苦下来，有些还不肯睡，聊起小时看过的片子，哪一部最好，什么电影的摄影最佳，最后唱起经典作品的主题曲来。

国籍可能不同，但看过的好莱坞电影是一样的，这是大家的共同语言，已经不分你我来自哪一个地方。

在片场工作，除了导演高高在上，其他人并没受到应得的尊敬，只是苦力一名，任劳任怨，所以养成了借酒消愁的习惯。喝多了，都酒力甚强。我请工作人员时，也以会不会喝酒作为标准。不喝的，一定不行，酒中豪杰，才是好人。

形象

如果你去看拍戏，从前的电影导演总有一个固定的形象：头戴法国小帽，嘴咬雪茄，手拿一个原始的传声筒。

摄影师则拿了一个观景器，到处取角度，有时他们用一片单眼的墨镜，蒙住一只眼睛看太阳和云朵的出入。

场记多数是女的，长得十分难看，梳个男子头，拿一块板，板上有叠厚厚的纸张，有时把铅笔插在耳后。

道具则像是个劳工，身上一定穿得肮肮脏脏，把家具搬来搬去。

灯光师是个大力士，一万火的灯壳很厚，他们一手提一个，毫不费功夫。因为拍戏时，打灯的时间花得最多，所有的工作人员都等得不耐烦："什么时候打好？什么时候打好？"给众人埋怨得多了，灯光师的表情总是苦口苦脸。

布景师，打扮成一个艺术巨匠，留长发，其实像吸毒者。

当年的服装师男的居多，有时也缝针线，比女的强。但奇怪的是，自己身上穿的衣服，却甚无品位。

　　化妆师也多数是男的，分两类：大师级的坐在化妆间不出门，在现场的娘娘腔，一看就知道是个同性恋者，跟的女人多了，受到感染。我认识的一个，扮基佬，其实不是，偷吃了很多大明星。

　　和整组工作人员最不同的是一位梳髻的老太太，她一定是负责茶水。

　　当今的电影，其他工作人员的形象依旧，只有导演不是从前那个样子，法国帽热得要死，没人戴，雪茄抽了头晕，传声筒也被电池麦克风代替，最主要的是大多数导演得在少得可怜的预算之下拍完一部戏，已经谈不上有什么权利。威风不起，唯有戴副墨镜，聊胜于无。

悼導演何夢華夢

什么叫制片

人家问我："你是干什么的？"

"制片。"我说。

"什么？"

"制片，电影的制片。"

"什么叫制片？"这是必然的反问，"主要是做些什么工作？"

是的，什么叫制片呢？有时干我们这一行的人都搞不清楚。

最原始的定义，制片是由一个主意的孕育，将它构思成简单的故事，请编剧写成分场大纲，再发展至完整的剧本。同时间内，制片接洽适合此戏种的导演、演员和其他工作人员，计算出详细的预算。定了制作费之后，便开始制作。拍摄期间、任何难题都要制片解决。至于拍成，善后的配音、印拷贝，连海报亦要参加意见，一直到了安排发行，贩卖外国版权，片子在戏院上映为止，无一不亲力亲为。笼统来说，是校长兼敲钟人。

"那么邵逸夫、邹文怀等，算不算是制片呢？"有人问。

邵先生和邹先生各自拥有片厂，一年制作多部电影，无法对每一个细节都去花时间研究，就交给别人去处理，他们只做决定性的选择。通常，外国人称之为"电影大亨"。我们的地区，在广告和片头字幕里冠上"监制"之衔头。

"那么，监制就是老板了？"你又问。

这倒不一定。监制可能是一个维持电影制作水平的人。他们在故事和剧本上参加意见，控制制作费用，把完成的电影交给出钱的老板，自己领取监制费，或者在总盈利上分到花红，或者在制作费上参加股份。像《双响炮》就是洪金宝"监制"的。

"片头字幕上的出品人呢？那是什么？"

出品人倒多数是"出钱人"了。这些人有的懂电影，有的不懂电影，他们看中一个剧本，或一个导演，或一个明星，做出投资，其他一切却不去管，交给"监制"或者"制片"。片子上映时，总不能在字幕上写明"老板"，所以电影界发明了"出品人"这名称。

"制片既然不是出品人，又不是监制，那么他们的地位是很低微的了。"有的人还是不明白。

要是一个制片没有主见，受到老板和导演左右，替双方打打圆场，跑跑腿，这种制片的确很可怜。这种人不应该被称为"制片"，而只是一个大"剧务"。

"剧务又是什么呢？"

剧务应该是制片的助理，负责安排交通、饭盒、派通告通知演员集合的时间等等，在一部电影的创作上，亦费了精力。

"制片要替老板控制预算，那不是非要和花钱的导演打架不可？"

导演和制片之间的关系，应该像个夫妇档。制片必须了解导演的创作意图，帮助他们，令导演想象力变成形象，化为现实。如果斤斤计较地在每一位导演的要求上讨价还价，那只有影响导演的情绪，妨碍他们的创作。

有些个性比较单纯的导演，以为一抓到拍戏的机会，便要求一切尽善尽美，不管投资者的死活，不顾预算的高低，明明不是重点的戏，也当主要戏目去拍，怀着万一片子太长，可以一刀剪掉的私心，拍个没完没了。这时候，制片要是不会全面性地顾及，整盘计划就要崩溃。所以，他必须向导演申明大义，防止导演的胡作非为。

反之，有的导演太注重预算，主场戏也马虎处理的话，那么制片必须请他们多下时间和心思去拍摄。花钱的不是导演，而是制片了。

应花的花，应节省的节省，这是制片必须做到的基本工作。这句话说起来容易，执行起来是非常困难的。哪里是界限？全凭制片对电影的了解是否足够，眼光是否远大。

导演也是人，有他们的自尊和信心。人都有犯错的地方，不顾及导演的情感而当面斥责，坏处必然反映在作品上。让这现象发生，是制片的错。故制片唯有和导演的关系搞得密切，一如新婚夫妇那么如胶似漆，又要在家公家婆面前搞得体面，才能得到亲戚们的赞赏。

"制片用什么水平去挑选演员呢？"这也是常被发问的项目。

答案当然是以哪一个演员的性格最适合那一个角色为基本。接着，制片要考虑到这个演员对卖座有没有帮助，这也非常现实的，不能自欺欺人的。

他们的片酬是否合乎预算，也是个头痛的问题。钱方面算是解决了，他们是否能够和拍摄日子配合？

被迫放弃某个理想的演员，心里只有阴影，但在无可奈何之下，必须和导演商量改用一名次要的，考虑采用新人。

用新演员是一种极大的赌博，需要勇气和胆色以及眼光。他们的片酬是相对低了，时间上也容易控制。但是花在磨练新人上的金钱、时间和心血，到头来你会发现和请既成名的演员是一样的。但是在卖座上的风险也大了。不过，培植一个新人冒起，那种满足感是无法去形容的美妙。

"制片用什么水平去挑选工作人员呢？"

这主要是靠经验了。

在一部片子的制作过程中，你会发现一组工作人员中常有些庸才。

　　制片将把这些人过滤、淘汰，剩下一组精英，一人身兼数职。热爱电影和相处随和的工作人员，能影响片子的进度，以及拍摄中的愉快气氛。整组人是个巨大的齿轮，任何一处不对，都能拖慢制作，破坏片子的旋律。

　　有的副导演和服装师是死对头，但两人皆为一流高手，那制片就要自掏腰包请他们喝老酒，猜花拳。

　　喝酒不一定行得通，因为有些平常很乖顺的工作人员，醉后必然大打出手。这种情形之下，只好带他们上妓院啰。

　　在本地工作还好，但一组人到外国拍戏，一拍就是一年半载，那么，什么人性缺点都暴露出来，本身就是一部恐怖片，一个疯人院。

　　这时候，唯有容忍才能解决问题。容忍更是最难做到的，到了外地长住下来，缺点最多的往往是制片自己。

　　"如果你有选择，你愿意当出品人呢？监制呢？还是制片？"朋友问我。

　　我的答案还是当制片。

　　不懂电影，出钱的出品人和银行贷款没有什么分别。懂得电影，做重要决策的出品人对一部电影没有全面性的照顾，感情也跟着减少。

　　监制和制片其实应该是一体的。

老得可以告别孤独　　140

制片的工作更详细的分析是非常非常的繁杂，先要了解整个电影界的局面，知道外国和本地的市场。他们还明白片子发行的途径。那又是一门很深的学问。

他们必须取得出品人、导演、演员和工作人员的信任。每一个人都有自己的脾气，把一群发了电影狂热的疯子集合在一起，而令大家不互相残杀，变成一体地工作，是个艰巨的任务。

投资者有时会做匪夷所思的建议，制片需要坚决地站在自己的岗位上，不卑不亢执行自己的工作。成功了不能骄傲，失败了要勇敢地承认自己的错误。

制片应该也会导演。至少，他在谈剧本时必须和导演一块将一场戏在脑中形象化，判断是否得到预期的效果。至少，他在整个剧本里必须和导演一块在脑中"看"完一出戏。

制片应该每天看导演拍摄出来而未完成的影片，并且要会将一个零碎的镜头组织起来，了解这场戏是太多或是缺少了什么镜头。

"我们在这里加一个特写，是不是更有力？"制片问导演道，"当然，还是以你的意见为主，由你去决定。"

如果导演还是一意孤行，那你又知道少一个特写不影响到整体的戏时，制片只有装聋作哑。

但是，这个特写是决定性地会令整体的戏更好时，制片必须坚持。

坚持也是很难的，与导演争论得脸红耳赤是低招，命令更是低低招。

最好是说服摄影师、灯光师，甚至于服装道具，让他们向导演左一句右一句，到最后让导演来和制片说："这个特写是我自己也要加的。"

"制片不是生下来就会的，要怎么样才能当上制片？"对电影有兴趣的年轻人问。

当制片没有什么学校教的，只要有志向和累积的学习。制片最好由小工做起，先是场记、副导演，或是由剧务的跑腿，行内所谓的"蛇仔"，慢慢升到剧务、助理制片。他们要懂得电影制作中的每一个过程，摄影、灯光、服装、道具、剧照、化妆等等，才能略有当制片的资格。

在这过程中，制片了解了各部门所需的器材和它们的性能。单说摄影，制片就要知道什么情形之下用大机器米却尔，什么情形之下用小机器亚里飞斯。亚里飞斯也分二 C 号者，只可拍摄事后录音片子，因为一开机就吵个不停。三号和 BL 型就能同步录音，它们很静，但市面上没有几副，制片要能一个电话就打到可以租赁的地方。什么情形之下，可以说服导演和摄影师用二号机，什么情形之下，移挪制作费去租昂贵的沙龙公司代理的潘那威信机。

镜头有快慢，夜景时用快镜头可以省下灯光器材的租金和打光的时间。

这时候，是否要配合采用感亮度强的底片？底片之间，要用柯达的还是富士的？后者较便宜，但需要考虑和整部片的色调是否统一？微粒会不会太粗？底片经过时间储藏将有褪色的现象吗？这又要涉及黑房冲印技术了。哪一家最好？哪一家能够帮助摄影师"推"高一个光圈或两个光圈，而微粒照样不变？这一家黑房，能不能够做到摄前曝光或摄后曝光，以让片子有一种朦胧而怀旧的效果？本地不行，是否拿去东洋或东京或东映现像所？寄到澳大利亚？或者英国兰克？或者好莱坞的电影实验室公司？他们的价钱要比本地黑房贵多少？我们是否有这种时间和金钱上的预算？进一步，又关联到是用新艺综合体拍，或者是用标准方式？用标准方式，是用一比一点八五，还是一比一点六六？前者太过窄长，重叠中英文字幕占去太多的画面，还是一比一点六六比较适合我们的电影，一点六六的画门和磨砂玻璃难找……

永远的问题。

"你讲的东西都太专门，烦死人了，还是谈些有趣点的吧！你们做制片是不是常有女明星跟你们上床的？"朋友嬉皮笑脸地问。

咬大雪茄，双手拥抱两个金发肉弹美女的制片，只是漫画型的幻觉。

制片的确很容易接近女演员，偶尔也得到她们的青睐。但是，万一让占了便宜，第二天，她们拍戏迟到，导演骂她们的时候，她们来一句："哎唷，昨晚制片你搞得我死去活来，我怎么爬得起身呢？"

那不是完蛋了吗？

我要警告他，制片人多数有个悲剧性的宿命。人生注定有起有落，所制的电影赚个满钵的时候当然意气风发，但一连三片不卖钱的，就没有人问津。聪明的制片人多数先搞好发行和经营戏院，变成所谓的电影大亨。如果你做不到，那你要学会在低潮时还默默耕耘，静观自得地挨过这个难关。最好有个副业，像写写专栏。

上面所讲的只是些个人的唠叨，大部分只是吹牛。做制片我还是个小学生。

本地杰出的制片人不少，希望他们完成我办不到的心愿。

配音

读者来信称对电影的配音深感兴趣，要我多讲点这一方面的东西。

让我们谈一谈什么是配音。

我想最原始的配音是在默片时代吧。银幕上放映着男女拥抱的场面，在一旁有个小台子，后面站着一个人看着银幕，跟着男主角的口型，大喊："我爱你，我爱你。"

这个人我们叫他为旁述，广东人称之"解画佬"，日本名字为"辩士"。

遇到中国片子，画面和画面之间出现字幕，解画佬根据画面和文字忠实地讲解给观众听。但是碰上西片，解画佬对英文字幕一知半解，或者完全不懂，就按照在电影画面上看到的东西以自己的理解去说明。反正每晚都是同一部戏，熟能生巧，讲得口沫横飞，有声有色，到最后变成一个与原来剧本完全不同的故事。

出色的解画佬的声技能够令观众入迷。同一部电影给不同的人讲解，效果差个十万八千里。有时解画佬的名字也登在广告海报上，比外国男女主角的还要大。如果这家戏院的老板孤寒，不肯多给工资，解画佬东家不打打西家的时候，观众也会跟着他去，令这家戏院的生意一落千丈。

有声电影出现之后，这些解画佬便随着时代消失了。电影史上从来没有他们的记录，但他们对电影事业也有过了贡献。

在东京浅草雷门的后巷中，还可以看到一个小坟墓，里面埋葬的并不是死人，而是解画佬的声音。石碑上刻着"弁士之墓"四个大字，几行小字记载各个出众的解画佬，有些还活到今天。

目前的电影，纪录片还是需要解画佬的，不过他们已不站在银幕之前，而只是在片上配上一条声带。许多纪录片因为旁述讲得不好而失败。有些例子是解画佬能将片子起死回生。先天条件当然是要旁白写得好，再加上一个熟练而活泼的声音，往往能使一部纪录片锦上添花。

可见声音对一部电影是多么的重要。

最初的有声剧情片，都是同步录音的。

何谓"同步录音"呢？简单来说，演员在表演的时候，以摄影师拍摄他们的动作；以录音机录下他们的声音，两个机器配合呼应地同时将动作和对白记录下来，便叫"同步录音"。

至于技术上和机器功能上的细节太过专门，我们这里不赘述。

举个例子来说，我们看到周璇演的《马路天使》，便是以同步录音拍．　　　．　　　．　　　．　　　．

．　　　．　　　．　　　．　　　．

．　　　．　　　．　　　．　　　．

摄，我们听到的，的确是她本人的声音。

　　但是，目前一般的港台电影，拍摄时不录演员的对白，等待片子剪接完毕后才叫别人配上去，这叫"后期录音"，也称"配音"。

　　"能听到演员自己的声音不是很好吗？"你说，"何必去配呢？"

　　这个问题提得好。

　　的确，我们是应该看到由什么人演，由同一个人讲对白的电影。

　　我们的电影由美国引入了有声的技术，就保留着这优良的同步录音传统，甚至到在电视上看到的粤语残片的新马仔、冯宝宝，都是他们自己的声音。

　　同步录音要求演员记牢对白，要求他们发音清晰、要求声音中有感情、要求有真实感、要求生活化、要求震撼力、要求语调上的韵味、要求略带瑕疵的方言腔。要求的东西，数个不尽。

　　歌舞片兴起时，对白极少，都是音乐，在现场上没有办法一个镜头一个镜头地断断续续同步录音，便事前将一首歌曲录成一条声带，在拍摄时播出来，演员跟着歌词张口闭口，这叫"放声带"。

　　黄梅调片子衰落后，崛起的是武侠片和功夫片，同步录音更是不可能了，因为当时的阿猫阿狗，只要会打，第二天便成为巨星，他们的国语当然不是每个人都能讲得好。所以掀起了后期录音的浪潮，放弃了同步录音的传统。

这个现象，一直留传到今天，观众再也听不到演员自己的声音，多么可悲！

配音的过程是怎么样的呢？

把导演剪接好的片子，分段地剪出，然后接成一个很大的圈子，在放映机上重复地放映。配音员坐在银幕前，跟随着画面中演员的口型，配上对白。放映室后有个同步的录音机将声音录下来。

我们现在还是用这个落后的办法，先进的地方已经用"乐与滚"的放映机，可以控制片子前进或退后，随时放映任何一段戏配音。中间发现不妥，也不必由头来起。

配音这一个行业不是容易干的。配音员的工作环境永远是在黑暗中。每部电影不管制作费是多么浩大，比较上给他们的钱少得可怜。而且总是要赶着上映而日以继夜地配。就算不急上映，为了节省录音室的租金，都要配音员以最快的速度完成工作。

每一组配音员都有一个领班。领班不只是领导一群配音那么简单。有场记详细的对白本当然是好配一点，但是记录得不清楚，那领班还要成为编剧，创出对白。尤其是将粤语翻成国语的时候，某些导演和编剧根本不熟用国语，就要看领班是否能将对白弄得传神。

熟练的配音员能帮助提开木讷的武打演员的演技，但是他们戏配得多了，少不了有点职业腔，有些导演会要求新人来配，新鲜感是有了，却少了感情。

小孩子的声音多数是女人配。胡金铨导演的一部片中有个老太婆的角色却用了男声才像。卡通片的尖声，有些配音员能自然地变腔配上。他们的音技是多姿多彩的。

佼佼者之中有已故的张佩山，李小龙的声音便是他配的。毛威去了新加坡发展。在香港的有唐菁、张佩成、焦姣、小晶子、乔宏、李岚等等，后起之秀是张济平。

唐菁配音很认真，他一定要在对白本上做三角形或圆圈的记号，以表示何处加重语气，只有他一个人看得懂。

有一次大家恶作剧地乱在对白表上打叉叉，害得他看个老半天。

其他配音员都笑到由椅子上跌下来。

我对配音这个行业是尊敬的，但是我反对整个的配音制度。

动作片带领港台电影进入国际市场，可是也让我们养成配音的恶习。我自己也沉迷其中。以前和美国合作拍戏，一切动作都完美，导演却喊NG，我问其故，导演说声音不好，我才醒觉。

在英语系的片子中，要是演员的声音由别人配，就不能在影展参加竞选，因为，理所当然的：声音，是演技的一部分。

试看我们的金马奖男女主角，哪一个是用了自己的声音？

近年来拍的几百部港台作品，来来去去都是那一小撮人配的。

有一年，杨群和柯俊雄都有片子参奖，杨群主演的落选，但是由他配音的柯俊雄却成为影帝，岂非讽刺？

柯俊雄的国语说得不准，但是在《香江岁月》中的同步录音，没有影响到观众对他的印象，反而令他的演技更进了一步。

后期录音是落后的。演员水平降低，他们变成不必在语言上下功夫，变成不记对白也行，相等于战场上一个把枪丢掉的兵。

是的，市场在缩小，人力物力价钱提高，拍一部同步录音的戏，要加一成以上的制作费。但是有声电影的初期，也不是照样挨下去！当时的厂棚防音设备还是不够，白天拍戏，车子经过要 NG，只好晚上静下来的时候拍，但一下雨又是 NG，好歹等到雨停了，岂知蟋蟀和蝉声大作，又要泡汤，但还是挨下去！再与现场录音的电视片集一比，配音更显得逊色，不可否认，同步录音带来了强烈的真实感。好在还有些良心的演职员要求配回自己的声音，叶童就是一个坚持这个原则的人。她的声音一点也不好听，但是那么自然、顺耳、有感情。在香港、台湾、星马的不同市场要求下，粤、国语配音员能够生存，何况尚还有外国片配。但是，配音制度，我却希望它早日减亡。

译名

曾希邦写的《消磨在戏院里》，是热爱电影的人必读的一本书。内容有电影观感、制作过程的介绍、作品风格的分析和导演群的评论，五百页的文字中包罗万象，绝对能够提高读者对电影的欣赏。

他文中提到西片译名这回事：有些名字照字面简直不可翻译，如科学幻想片 *IT*、*Them*，金露华主演的 *Phffft*，都在不可直译之列。但意译起来，又发生了问题：一、它是否有号召力；二、它是否与内容吻合。当然影片公司首先要考虑第一点，但作为观众的我们，都要求译名做到第二点。

一部电影的译名，实在是考验人的玩意儿。我曾在一家机构办事的时候，偶尔也参加西片译名的工作，深深了解它的不易。有时急着要发广告，就糊里糊涂地安上一个牛头不对马嘴的名字，对观众是不公平的，生意也大打折扣。

片名和书的译名一样：*Come With The Wind* 翻成《随风而逝》最直接和切题，翻成《飘》就有更上一层楼的诗意，但是最后还是商业化的《乱世佳人》得胜。

Some Like It Hot，是喜剧的经典，香港翻成《热情如火》，我很喜欢，其他东南亚国家变为《倒凤颠鸾》，便太过造作。

希邦说片商对译名似乎有个不成文的文法，喜剧片必冠以"糊涂"（香港则冠以"鬼马"），色情片非插入"春""情""欲"一类字眼。动作片则非"龙"即"虎"，非"枪"即"侠"，若遇文艺片，便抄一句文绉绉的唐诗，至于是否切题，是否对得起观众，谁也不管。

我喜欢的译名有《蝴蝶梦》（*Rebecca*）、《一曲难忘》（*A Song to Rememer*）、《魂断蓝桥》（*Waterloo Brldge*）。轮到我自已为片子取名时，我曾经做过不少愚蠢的恨事，略值得欢慰的是看完 *Fame* 后，毫不考虑地叫它为《我要高飞》。

电影游戏

喜欢阅读的人叫书虫，爱上戏院的人叫电影虫，后者发明了一个电影游戏叫"电影制作人（Movie Maker）"。

它主要原理是根据"大富翁"改编的，四五个人玩，其中一个兼做银行家，发给诸人资金数十万元。

每一个人派一个代表他的模型摄影机，有红、蓝、白、绿、棕等颜色，掷出骰子，玩者依点数在图画板的格子上进行，走入撞到机会的格子，便能抽出摆在板上的纸牌，遇到一组好的工作人员，你付钱雇用；邂逅名演员和名导演，你可以选择要不要聘请，如果嫌太贵，也能放弃。比较精明的玩者通常是先抽到一个剧本，即剧购买后才去物色人选。

每一部电影由一个剧本、一位导演、男女主角各一名和一队工作人员组成，这五者兼得，你就拍完一部片。

拍巨片的导演和演员价钱都很贵，工作人员也要用上两组。拍出来的戏，到处卖座。拍恐怖片最容易，一切从简，制作费不高，可是票房纪录有限。巨片的本钱不够时，用上恐怖片的导演和演员，也会影响票房收入。

或者是一部低成本的文艺片，骰子一扔，走进一个中了奥斯卡奖的格中，身价百倍。相反地，走入一个票房惨败的方位，辛辛苦苦拍成的电影，就血本无归了。

"大富翁"方格中的旅馆，这游戏改成戏院，中了可买可不买，自己拍的电影走入自己的戏院，盈利加倍，倘若走到别人的戏院，则被院商抽得所剩无几。如果你的电影走到慈善义演的格中，这表示做善事又帮助宣传，廉价片子也能收到一个满钵。最倒霉的是，走进一格，竟然写着的是女主角跳草裙舞，片子就告夭折。

我曾经下过一番工夫，把这个游戏板和纸牌换成日前港台二地的电影工作者，将戏院名改为现在的馆子，得奥斯卡奖变作跌眼镜的无端端发达机会。

玩过者津津有味，后来给另一个电影虫借去，从此赖死不还。因为他比我热爱电影，就原谅了他。

《吾爱梦工场》之序

天地图书为我出版了一册新书，题名《吾爱梦工场》，看了很喜欢，谢谢编辑陈婉君和美术杨晓林，不管是图片的收集和文章的编排，都很精美恰当，只少了一篇序，而我的书多数是无序的，如果能够再版，也许可以把现在写的这篇加进去。

封面上的黑白照片，右边站的是谁？有些读者问过。这位老人家在西方鼎鼎有名，就是《海神号历险记》（*The Poseidon Adventure*），一九七二年的那部经典灾难片的导演。此片亦重拍过，不管计算机特技有多么进步，但在剧情上的控制，远远不如旧的。

Ronald Neame 是英国人，出生于一九一一年，入行时为摄影助手，升为摄影师时拍过《窈窕淑女》（1938）、*In Which We Serve*（1942）。在 1945 年拍了大卫连的 *Blithe Spirit*（1945）之后，两人关系加深，当了大卫连的制片，监制过 *The Brief Encounter*（1945）和 *Great Expectation*（1946）等经典之作。

他自己导演的戏无数，值得一提的是 *The Million Pound Note* （1956），
The Horse's Mouth （1960）, *The Prime Of Miss Jean Brodie* （1970）。

　　到了好莱坞后最出名的还是《海神号》了，片商们看他拿手，就接着
请他拍另一部灾难片，叫 *Meteor* （ 1979 ）。此片刚出 DVD，讲的是大陨
石冲击地球的故事。这种题材后来好莱坞拍过好几次，也不如它的精彩，
虽然当年的特技，今天看起来还是幼稚的。

　　很多人不知道， *Meteor* 是与香港邵氏公司合作的影片，部分外景在
香港拍摄，而负责当地制作工作的，就是我了。

　　在这段时间内，老人家发现和我谈得来，不断地教导我关于电影的制
作和编导的技巧。好莱坞的巨资制作，是不允许超支的，开工后得按照行
程拍摄，否则延迟一天，就要损失数十到一百万美金。当我们去外景时，
天雨，上千名临时演员在等待，怎么办？老人家说："拍特写。"

　　我们把这些琐碎镜头完成后，雨渐停，问道："是不是可以拍远景了？"

　　"还不行，光不够。"他斩钉截铁地说。

　　"怎么知道光够不够的呢？"我再问。

　　"你看商店里的日光灯，要是比外边还亮，那就表示还不能拍。等看
不见了，光就够了。"回答得实在有道理。

　　至于监制上的工作，他老是教导："镇定，镇定，镇定，镇定。做阿

头的，一慌张，解决不了问题。"

谢谢老师，今后做人，怀此态度，也得益不浅。

有趣的人物，还有受艺术和商业界都看重的 John Huston，他在一九七九年来香港，不是当导演，而是做演员，拍了 *Jaguar Lives!*

我们闲聊时，问道："你是位大导演，怎么肯来这里拍一部 B 级动作片，而且演的还是反派呢？"

他一面抽雪茄一面说："如果你真正喜欢电影的话，有什么工作你就做什么。什么叫反派？什么叫正派？哈哈哈哈，我是一个无耻，也不知道什么是被尊敬的人。怕什么？什么叫羞耻？自己感觉。别人说什么你不必去管，三级片，也尽管去拍好了。"

我今天还记住他重复又重复的那句：只要真正喜欢电影的话。

僵尸片中，除了演僵尸的 Christopher Lee 之外，一定有一个僵尸杀手，叫范晓森，而经常扮演这个角色的是 Peter Cushing。他来香港拍《七金尸》（*The Legend of The Seven Golden Vampires*）的时候，也经常喜欢听我说东方影艺的故事，但他本人不太出声，有点像戏里演的教授，真人比他面对的僵尸还要阴森。

常演大反派的 Lee Van Cliff，后来在意大利西部片中演了些角色，红了起来，也当主角。来香港拍外景时由我招呼，他当年已经酒精中毒，而且头已秃，剩下两边发角。大醉之后叫醒他拍戏，他迷迷糊糊，抓了头顶上那块假发就贴上去。贴反了，由我指出，他一望镜子，哈哈大笑。一站在镜头前，即刻非常清醒，一拍完，醉态又生，是注定吃演员这一行饭的人。

接待来邵氏片厂的人还有喜剧大明星 Danny kaye，他是带着一个男伴来的，是个秃头大胖子，被他一直指指点点大骂，像一个受委屈的老婆。当年同性恋还不被接受，要是给传媒揭发了，就当不了联合国儿童大使。

不文山（Benny Hill）来过，平时人颇正经，一有记者拍照，即刻扮滑稽相，记者把相机放下，他又板起脸孔不笑。过后不久，就去世了。

印象最深的还是王妃 Grace Kelly，当年来港参观，身体已臃肿，但笑脸依旧，和摩洛哥国王一起左看右看，似乎对电影已不感兴趣了。有很多人不识趣，不断地要求合照，起初还保持笑容，后来人实在太多，略略地皱了一下眉头，王妃典范，还是保持住的。

除了 Neame 活到差不多一百岁，其他人物俱往矣，梦工场中有他们的足迹，在我脑里也留了深痕。为了纪念，是为序。

大烂片

我看的电影很杂，任何题材都喜欢，当中包括了美国的 C 级（比 B 级更差的）恐怖电影，像 SAW 系列的血淋淋，也看得津津有味。

但是惊吓电影最好在懒洋洋的下午享受，深夜看了多数会做噩梦。晚上欣赏的最好是打打杀杀、爆炸连篇的动作或计算机动画影片，看了绝对安眠。

虽然我自己监制的都是一些不值一提的商业片，但我也爱看不卖钱的艺术电影。当今罕见，只有找回经典来重温，像费里尼的《大路》（*Lastrada*）、奥菲尔斯的《欢愉》（*Le Plaisir*）、沙撒里·雷的《阿普三部曲》、巴索里尼的三部曲、高达的 *Slow Motion*、布尼尔的《一条叫安达鲁的狗》、威斯康第的《豹》、Carl Th. Dreyer 的《麦可尔》、Eric Rommer 的《春夏秋冬》等等，数之不尽。

苏联片有《一个兵士的故事》（*Ballad of a Soldier*）印象最深，另一部叫《仙鹤飞翔》（*The Cranes are Flying*）的，至今还找不到翻版 DVD。

从长片看到短片，奥斯卡最佳短片集也看了，《韩国独立电影精选》《十二名导演的第一次》等。

看过的影片不乏意识流，一般观众不会接受的《去年玛仑堡》（*Last Year at Marienbad*），还有路易·马卢（*Louis Malle*）的《与安德烈的晚餐》（*My Dinner With Andre*），两个人物，一坐进餐厅里，从头对话到尾，两个多钟头，就那么说说说，我全神贯注地听听听，没有按过快速的键。

甚至最难顶的CULT电影，一部叫《畸形人》（*Freaks*）的，也全部看完。这部戏拍于一九三二年。七十年后，又拍了一部Cult戏，叫《伴雨行》（*I Come With The Rain*），前者还有一点意义，后者可以说是大烂片了。

导演想到什么拍什么，不顾观众死活，但这种手法可用支离破碎片段来说故事，像塔伦天奴的片子。我看此片时，一再希望到最后可以把剧情揭晓，但导演还是自说自话，似是而非地描述圣经的事。什么故事？一点也没有故事！

意识流也不像、艺术大闷片也不像。大闷片的话，就要像《与安德烈的晚餐》一样，一贯始终地闷。在这部片里，加了很多血腥与暴力来讨好观众，就不伦不类了。韩国鼎鼎大名的李秉宪演一黑社会头目，把一名手下装进塑料袋中，用钉锤将他扑得糜烂，爱一点艺术的观众，看了拼命摇头，说："何必呢？何必呢？"

扮现代耶稣的木村拓哉，自己也不知道做些什么，一味自虐。在这种烂片中还搏命演戏，可怜的木村，想在国际也争出名堂，接了不少所谓名导演的戏，最后一次又一次地失望。

　　好莱坞的年轻演员之中，Josh Hartnett 算是有知识的一个，曾经拍过《珍珠港》和《罪恶之城》等大片，在一部小资本的 *Lucky Number Slevin* 中有突出的演技。他在此烂片中走来走去，忧郁了又忧郁，也不知道自己做些什么？

　　连香港人熟悉的名流邓永锵也参加了一份，演黑社会头子，一出场就被人一枪毙命，这是干什么来的？

　　原来，全部被陈英雄这三个字吸引了，此君为越南华侨，曾经导演过《青木瓜之恋》，在国际影展中得奖无数，又做过康城影展的评审，大家都以为一有机会参加了这部戏的演出，就会得到什么影展的男主角大奖，结果都被耍了。

　　陈英雄在片中把香港的夜景拍了又拍，大概在越南从来没见过那么多灯饰，舍不得剪掉。至于自己在导些什么戏，全不理会，飞机打了又打。

　　就连颇受尊敬的性格演员，拍过《落水狗》的 Harvey Keitel 也被骗来了。也许是他看过此片，惨不忍睹，要求导演把他的戏份删除。但花了那么多钱请到他，完全不用也可惜，就保留了他的声音，请私家侦探来找儿子的那一把声，可以听出是他的。

全片一百一十四分钟，我忍着看完。

这部烂片大家没看过吧？错过了绝对不是损失，但到处卖座的《暮光之城2：新月》（*The New Moon*），就被年轻观众大力吹捧。

把吸血鬼年轻化，好莱坞制片家看得准，但是好莱坞片向来注重美男美女，此片的女主角奇丑无比，除了吸血鬼，还有狼人也喜欢她，这怎么说得过去？可能当今的年轻人都丑，所以有认同感。

男主角更毫无演技可谈，只靠把脸涂得白白的，拼命皱眉头，表示自己很痛苦来吸引女孩子，要是你也爱上他，就是蠢货一个。

连演狼人，当今红出来的新人，一出现少女们也尖叫。此君怎么看，也像 *Incredible Hulk* 中的绿色怪人，不必化妆和特技。

完全不能忍受这部片子，年轻人也许说我和他们有代沟。哈，代沟就代沟吧，我绝对不想去填补。套用倪匡兄最爱说的一句广东话："唔同你哋呢般契弟混吉！"看这部大烂片时，我第一次走了快机。

电影中的血腥

从前的牛仔和红番电影，英雄开一枪，歹徒倒地，在他的胸口有一弹洞，一丝血液流了下来，表示已经死亡。

好人和坏人对打，拳脚交加，最后一人倒地，嘴巴和额角有一点点的血。

但观众像古罗马竞技场的暴民，对血的要求愈来愈高，轻微性流出，已不能满足，他们一再嘶叫：给我更多，给我更多。

当今电影中的血，已经不是流，而是喷的。

用的当然不是真血，好莱坞和日本的化妆品中，有一种叫血浆的东西，用化学红花粉，加上蜜糖做出来。放入保险套中，包成一个血球含在嘴里，咬破后一口喷出，演员也不觉难受。

至于身上中枪，那是把血浆放进一个个的塑料袋，分量多少，看导演的暴戾程度。用一片硬皮保护演员的身体，以胶布贴紧，上面放血包，同样以胶布贴紧。血包后面藏着一个小型、像药丸胶囊的引爆器，通着电线，开关掣在演员手中。

导演一喊开机，演员就按掣，引爆器一爆发，连同爆开血包，血就喷了出去。事前别忘记，在演员衣服上用刀划上几道，才能爆得好看，否则屡屡失败。

通常是以加速的拍摄，慢镜头放映来强调，如果大家留意一下，还可以看到中枪的演员手中，是握着开关器的。

这种技法，在意大利西部片里，还不成熟，要到森·毕京柏导演手中，才发挥得淋漓尽致，他的作品，永远充满这些镜头。

那么用在刀剑上呢？从前的戏，总是英雄一刀斩下，歹徒啊得一声倒地，接着看到他身上流出了血。到了黑泽明，他说高手过招，只要一记，非表现中剑效果不可，就在《穿心剑》一片里，反派身上装的已不是血包那么简单，而是一个电压的喷筒，里面是一加仑一加仑的血浆，像喷泉那么溅飞开来。

血腥可以成为暴力的美学，也是贱价的惊栗。没有看过的观众，一下子感到官能上的刺激，非常之过瘾。东方的已看惯张彻电影中的手法，但外国片商们并不欣赏这种不合好莱坞常规 zoom 来 zoom 去的不安稳镜头和凌乱的剪接，直到他们看了合理的运用。

这导演就是郑昌和了，邵氏把他从韩国请来，此君颇为学院派，学足好莱坞片的拍摄，也跟着潮流拍武打片，拍了罗烈做主角的《天下第一拳》，戏中的对打，最后把对方的肚子抓破一个洞，挖出肠来。

当然是道具部做出来的一堆猪肠和一大把血浆的玩意儿，但外国人看了尖叫，当地片商把戏名译为《五根手指的暴力》，在意大利卖个满堂红，成为第一部在外国成功的港产片，比李小龙还要早。

其实在艺术性的处理下，震撼力比挖肠更厉害，《码头风云》（ *On The Waterfront* ）中马龙白兰度的拳脚搏击，虽是黑白片压抑着鲜红的血，但也留下深刻的印象。

血腥的构成，由血包爆出的是一堆堆，从喷水器洒出的是一滴滴，构图并不太漂亮，就连后来史匹堡的《雷霆救兵》（ *Saving Private Ryan* ），血也喷得像浇花的水。说真实感没人看过，在电影上的画面又像太假，不是观众心目中的血花四溅。

这种理想的画面，在什么地方才能看到呢？当然是漫画了。电影中血腥的完美镜头，出现于《战狼三百》，由真人和计算机动画结合的拍摄，令从人身上喷的血，可以凝结成一个完美的画面，令人叹为观止。

电影历史上拍摄的战争场面，给《战狼》这部片子一比，也都失色了。也只有这种手法，才能表现出战场中过关斩将、见马砍马、见人杀人的血腥，手臂飞出，头颅断掉，没有了计算机动画，根本不能逼真。

这种技巧，让电视剧《史巴达克斯：血与沙》（ *Spartacus: Blood and Sand* ）重复又重复。

　　竞技场中的互杀，都是血肉横飞，十三集的片集处处是血腥和暴力。这些不止，又加上讲个不停的粗口对白和一直出现的男女裸体以及性爱，成为继《罗马》之后，最好看的一个古装连续剧。

　　每集播完，片尾都打出字幕，说这是反映罗马时代的荒淫，为求真实性，是必须的。

　　这当然是借口，还是影评家说得对："这么一个小本经营的制作，又没有一个大明星，非用这种手段来卖钱不可。"

　　"怎么可以那么大胆地表现性爱，怎么可以那么血腥暴力！"大家都那么问，"又怎么可以在电视上放映？"

　　我们得从西方的水平来看，这种血的表演，早在纸张漫画书上充满，近年来的大杀僵尸电子游戏中，头颅爆裂，胸膛开花，已不是什么值得大惊小怪的事。

　　在一个比漫画、电影和电视更血腥的社会里，校园连环杀人事件环生，真实比媒体更要残酷。

　　也许，让人在幻想中满足了潜伏性的血腥，在现实生活中，可以减少一点吧？

爆炸专家

电影中，一辆车子飞前，撞到另一架，打三个筋斗，跟着轰隆一声，爆个粉碎。

前一截的戏，是动作指导及亡命飞车手安排，等到车子翻完后，驾驶员爬出来，爆炸专家事前在车中埋好了炸药，用遥控机一按，把车子引爆。

这些爆炸专家都是身经百战的好手，天天与炸药为伍，深识它们的机能，不然很容易闹出人命。

通过他们做出来的效果要越逼真越强有说服力，一个炸弹爆在三十英尺以外，人飞起，一点刺激也没有。要是在三英尺内爆，就威力十足，故专家们尽量使炸药往上冲去，而不横着散开。又用许多水松木屑（钉文件在上面的那种软木黑板），看起来像泥头和弹片炸开。打中人身上不会受伤。

枪战的效果，在枪械管理得严格的国家，都用假枪。安上小炸药在枪口，引爆而似喷火。欧美和泰国印度尼西亚等地则用真枪，但子弹是没有．　　　．　　　　　　．　　　．

．　　　．　　　　　　．　　　．

．　　　．　　　　　　．　　　．

弹头的。中弹的反应是把一颗小炸药贴在一块牛皮上，扮坏人的演员穿着。炸药上再加一个小血包，用电线或遥控引爆，衣服破洞，血喷出，人假装倒毙。

有些导演要求更高，不要子弹打在身上，而要一枪中额，后脑开花。

这也不难，用一空管通上气体，把一些碎纸屑加凡士林又涂上血浆，空气压缩器一开放，这块东西喷在坏人的额头，便像打了一个洞。

在演员的脑后贴一片牛皮保护，然后以胸口中枪的效果用上，便能达到。

我看过的一次效果最佳的爆炸，是装置在一艘大眼鸡的帆船上。爆炸技师并不用固体炸药，而是以可以燃烧的气体，分数十条管子布在帆船的四周。

专家并不告诉船家他们要做些什么，船家把船租了，就在岸上看热闹。

专家们布置好了一切，放了燃烧空气，等到恰到好处，一引爆，"轰"一声巨响整艘船被火焰包围。

爆炸后走近一看，那艘船一点伤痕也没有。只是把那个船家吓得半死。

雷大师

印度一年拍三百多部电影，闻名于世的导演是沙查地·雷。

二十年前，雷以他的《阿普三部曲》夺得许多国际影展的大奖。当时他以墨白的摄影，清淡、纯朴的电影手法去描述一个印度青年的长成，的确是经典之作。

有一年香港国际电影展请他做嘉宾，但不知什么原因让他有一个受冷落的感觉，在香港很孤独。

胡金铨早与他结识，请他到家里去吃饭，客人还有胡菊人、戴天与陆离。

《我们的电影，我们的电影》，读后发现他对电影工作所遭遇到的难题和中国电影一样。做艺术家的困苦，也是不分国籍的。

我很喜欢这本书，当晚带去准备请他在书上签个名留念。

雷一进门，发现他是一个身高六点一二英尺，魁梧、英俊的男人，皮肤并没有一般印度人那么黑，像南意大利人。

　　　　·　　　　·　　　　·　　　　·　　　　·

　　　　·　　　　·　　　　·　　　　·　　　　·

　　　　·　　　　·　　　　·　　　　·　　　　·

　　他有一股高傲的贵族气质，但语气柔和，给人一种容易亲近的感觉。

　　我们围着他喝酒闲聊，非常融洽。

　　"我的电影在印度并不受欢迎。"他说，"因为戏里没有歌，也没有舞，更不是长达三小时的片子，而且用的是方言，并非普遍的印地语，自然观众难以接受。即使我拍印地语电影，印度观众也觉得格格不入。反而，在英国、欧洲其他国家里，我找到一群喜爱我的电影的观众。"

　　他的言语中带着无限的悲伤。

　　陆离如数家珍地从他第一部电影谈到最近的一部，而且还能把每部片的内容和技巧描述。

　　我第一次看他笑了，笑得很开心。他的电影，在那么遥远的海外有一个知音也够了吧，我想。

　　一直以为陆离只对杜鲁福较偏爱，哪知道她对雷的认识也那么深。

　　比起她，我真是幼儿园的学生，那本雷的著作，留在我身边不如放在她家好，便送了给她。

尊荣林荣

干电影这一行，其实应该说做任何一种事业，要是遇到好同事，工作也能变为乐趣。与灯光师林荣在一起，就是个最佳例子。

大家在戏院里看到一场街道的夜景，男女主角依偎散步前来，这个镜头通常要花四五个小时的灯光设计，才能把完美的光与影营造出来。许鞍华以前拍的戏，有这么一个场面，我带了朋友去探班，林荣负责打光，看他态度轻松，走过来打招呼，向我的友人风趣地自我介绍："我叫尊荣。林荣太难记了。"

不消一个多钟，他已经把整条街的灯光搞好，对许小姐说："导演，得了。"

林荣的本事，是应该亮的地方亮，暗的地方暗，自然中增加美感，而不浪费地把夜景照成白昼。

他很快，快得有理由，一次拍场日景，他把四支石英灯排在一起照去，说："现实生活中只有一个太阳，光源也只有一个，何必东一支灯，西一支灯？"

　　电影的拍制，等待灯光的时间占去三分之二，导演和摄影师的事前功夫做得好，配上个优秀的灯光师，进展便很快。有了林荣，不但不必等，有时还给他东一句"得了"，西一句"得了"，催促得团团乱转。出国拍外景，更是林荣的拿手好戏，他日夜"搏杀"，当地的协助灯光组绝对赶不上他的节奏。事前他已铺好路，自掏腰包请手下们大吃大喝，私人关系搞好，大家对工作上的艰辛，也只有吞入肚子里去。我和他到过许多异乡，佩服的是他的语言天才，每抵一地，必先学几句调皮话和关怀的字眼：前者用来引土女们哈哈大笑；后者在众人夜班拍得辛苦时运用，让人对他服服帖帖。

　　《沙漠枭雄》的法第、杨·占士邦片集的亚伦·显斯等名摄影师在香港拍戏时林荣都跟过，无一不对他赞不绝口。我在英国遇到他们，皆向我说："代我问候尊荣。"

　　林荣也有他严肃的一面，他说："电影这一行显然已经干定了，为什么不将它干好？"

　　这一句话，其他行业也用得上。这种人才，才有资格叫做专业人才。

五毒人

在台湾拍过电影的人，都见过一个样子古怪、个子矮小的特约演员，名字没有人记住，但一见面就认得。

这个人的特长是能吃五毒。

拍怪异的镜头，弄蛊电影，制片们必找上门，因为他什么毒蛇、蝎子、蛤蟆等都生吞活剥。一个镜头直接地看到他把一尾蜥蜴咬得稀烂，不必用道具来代替。

你以为这种特技人员一定吃得开，不愁没有工作。可是他的缺点是好酒，喝得手都发抖，要是找他拍五天戏，到第二天他已经忽然失踪，急得导演扎扎跳，大家都不敢领教。

每天酒醉的他，回到自己的家，是在山间的一间破屋，他曾经自嘲地说："我走到屋外，抬头一看，是个天。走进家里，抬头一看，也是个天。"

没有人看过他吃进一粒饭，酒也是白干的。唯一下肚的，大概只是几条蜈蚣，再不然就是其他毒物。

在山中，那是不愁找不到的。

正担心没有人找他拍戏的时候，他忽然间又出现在中影片厂附设的动物园中，拉着老虎散步，赚几个钱买酒。

和他聊天，可以得到许多失传的知识，比方说湘西赶尸者一面上路，一面唱一首歌来镇压死者的灵魂，全篇歌词，他能一字不漏地背出。拍神怪电影，由他口中得到许多正确和宝贵的资料。

北方的古怪事，也是他的拿手好戏，乞儿歌更是熟悉。谈到《三国演义》和《水浒传》，更是没完没了。大家乐了，忘记他的毛病，叫他拍几天戏。哈，这下子可惨，又是拍到中途不见人影，不把整场戏剪掉，就要重新叫旁的特约演员再来一次，损失惨重。

行内已经有一个不明文规定，要叫他拍戏，只限一天。可是当大家中午啃便当的时候，他已经失踪。

最后听到他的消息，是被动物园的老虎咬了一口。

他本人缝了五针。那只大虫，牙痛六天，到第七天毒发而死。

何铁手

记得在墨尔本查先生的家里做客时，刚看完新出的大字版《碧血剑》。

"你最喜欢书里哪个女子？"查先生问。

我毫不犹豫回答："何铁手。"

查先生笑盈盈："想想，何铁手的确不错，我也是蛮喜欢。"

《碧血剑》里，男主角袁承志的身边出现五个女人，他说过："论相貌美丽、言动可爱，自是以阿九为第一，无人可及。小慧诚恳真挚，宛儿豪迈可亲。青弟虽爱使小性，但对我全心全意，一片真情……"

对何铁手的印象，总是"艳若桃李，毒如蛇蝎"这八个字。当然，何铁手身为五毒教主，没遇到袁承志之前的生活背景，一定令她那么古怪。自小为了练功，被父亲斩下一只手掌，本来更应变得不近人性才是。但个性开朗，这种女子娶了之后才不会有麻烦。

何铁手是个好学之人，见到功夫比她强的袁承志就一心一意要拜他为师，对他的那几个女朋友都叫师母，解开她们的醋意。

何铁手虽然只剩一臂，但书上说她凤眼含春，长眉入鬓，嘴角含着笑意，约是二十二三岁年纪，目光流转。又说她说话时轻颦浅笑，神态腼腆，全是个羞答答的少女。

金庸小说的男主角，对女人优柔寡断，常被他喜欢的小气鬼女友打一巴掌，脸上出现红红的五指掌印，袁承志也不知爱谁才好。

还是何铁手干脆，大胆向他提出："师父啊，这世上男子纵三妻四妾，事属寻常，就算七妻八妾，那又如何？"

她叫袁承志把他爱过的女人都娶了，但她自己却不敢表白情意，做他的五奶，看得读者为她惋惜不已。

"和袁承志睡睡，那多好！"我说。

查先生点点头："你这个建议很有趣，反正依照她的性格，不会在意。"

兰沙

农历新年之前，把出门时要写的稿全部赶完，松一口气，坐下来看电视新闻，来来去去都是些天灾人祸，有点闷，一转台，看到有线频道的 *Turner Classic Movie*，只是一阵歌声，就吸引了我，一连看了近六小时。

什么片子那么厉害？原来是一连三部，都是马里奥·兰沙（Mario Lanza）（1921—1959）主演的电影。当今的观众对他不熟悉，是人生的一个损失。兰沙是个男高音，所唱名曲非常之动听，只有经过五六十年代的人才懂得享受。

处女作叫 *That Midnight Kiss*（1949），兰沙在这部电影中的表现平平无奇，接着的 *The Toast of New Orleans*（1950），就有一首脍炙人口的歌出现，叫 *Be My Love*，同时得到当年金像奖最佳歌曲的提名。

奠定兰沙江山的是《伟大的卡鲁索》（*The Great Caruso*），为二十世纪初最红的男高音 Enrico Caruso 的传记，由兰沙来主演，没有人会抗议，因为自从卡鲁索之后，世界上再没有一个人比得上兰沙那把声音了。

此片的主题曲 *Because You're Mine* 打破了唱片销量纪录，同部戏里的另外一歌曲 *The Loveliest Night of the Year* 是所有纪念日中被唱得最多的，美丽的旋律，令人一听难忘，还有一首 *Because* 也是不朽的名曲。

　　再下来的一部片叫 *Because You're Mine*（1952），留下的印象是同名的主题曲，还有一首叫 *Granada* 的。

　　拍完这部戏后，兰沙和他所属的米高梅大吵特吵，为的是他下一部片子叫《学生王子》（*The Student Prince*）（1952）与导演意见合不来，公司支持导演 Curtis Bernhardt，兰沙则认为 Richard Thorpe 会拍得更好，僵持不下的时候，兰沙发他的意大利人小孩子脾气，一走了之。

　　另一个谣言是公司骂兰沙愈吃愈胖，其实根据他自传的作者说，当时兰沙没有人家说的那么臃肿，只是他红得太快，不知怎么处理自己的成功。

　　合同上，如果兰沙不干，公司还是拥有他声带的版权，歌最后用他的，人则换了英国的靓仔小生 Edmund Purdom，这家伙毫无演技可言，观众看了，印象还是留下了兰沙的样子。

　　这部电影又得到空前的成功，变为了歌唱片的经典，插曲像 *Golden Days*，*The Drinking Song*，*Deep in my Heart Dear*，*Serenade* 等等，听过的人一闭起眼睛就唱得出来。

　　后来的男高音如杜明高和卡里拉，都说看过此片而爱上歌剧的，天下最优秀的女高音卡拉丝也说过，此生最大的遗憾，就是没有和兰沙同台唱过歌，可见他的影响之大。

电影背景的海德堡，每年到了夏天都举行这个歌剧的现场表演，爱好者绝对不能错过。

兰沙离开了米高梅之后酗酒，放纵食量，人是真的愈来愈肥了。他的经理人又理财不当，肆意投资，令他负债累累，连税金也付不了，差点破产。

经过四年的奋斗，兰沙又翻身，签了华纳公司，拍 *Serehade*（1956），主题曲没有什么人会记得，但在戏中他走入教堂，唱了舒伯特作曲的《圣母颂》（*Ave Maria*），至今还是多人歌颂。

顺带一提的是电影里出现的那架开篷林肯轿车，还有女主角钟芳婷的时装，都是美国在富甲天下时代的产物，那种优雅，后人是追不上的。

一年后，在美国土生土长的兰沙回到祖先的故乡，在意大利定居，拍了 *Arrivederci Roma*（1957），美国发行时改为 *Seven Hills of Rome*，片子是一部明信卡式的拍法，当年美国的意大利后裔还有很多人没去过罗马，戏里一幕幕地将各名胜介绍，中间当然穿插了兰沙的同名主题曲。这时候乐与怒已开始流行，兰沙的唱法已逐渐过时，但为了证明他什么都会唱，他模仿了同乡歌手 Perry Como，Frankie Laine 和 Dean Martin，以做讽刺。最绝的是他也学 Louis Armstrong，似模似样。

同样风景片表现的是下部片子 *For The First Time*（1959），尽收 Capri 岛的美景，主题曲也流行过一阵子，但他在前两部片中的《圣母颂》

太受欢迎，在戏里再唱一遍。

同年，兰沙中过一次风，后来又因肺气肿和各种毛病并发，终于在一九五九年死于罗马的医院里，享年三十八岁。

回顾他的表演生涯，兰沙并不是一个好演员，唱歌时也永远那几把刷子：双手一摊做一功架，先是手背向下，一前一后，唱得兴起，手心向上。他的发型吹得像半个热狗面包，甚为滑稽。好在兰沙有副孩子脸，又相当英俊，惹人喜欢，原谅了他的肥胖。面部表情先皱八字眉，后瞪大眼睛，向观众似笑非笑，额头一皱，头上的热狗包跳上跳下。最后唱得肉紧，双拳一握，放在胸前，等到曲终，又摊开双手，等待观众的掌声。

至于歌喉，的确有如卡鲁索那么伟大吗？也未必，他的唱法不管是悲是喜，总带一点哀怨的腔调，但也是这种哀怨的腔调，令听者永远记得，后人模仿不了。

在他后面的男高音，巴伐洛提是兰沙比不上的，他的歌声是上帝赐给的，一开口就是音乐，是自然的天籁，全不造作。其他两个，兰沙比卡里拉的声音胜出十倍，而杜明高，要站到一边去。兰沙，最终还是伟大的。

各位年轻的读者如果错过了马里奥·兰沙，那也不要紧，上Wikipedia，打入他的名字，就有歌声和影像，由他唱出 *Granada*, *Be My Love*, *Ave Maria*。

那个年代，那些名词

卡拉 OK 的背后，是一种发泄的心理，也是一种最原始的自我表现方式，对于没有自信心的人，也许，这是唯一的方式。

六十年代是时装界的万花筒，只要有创意就能立足，以最多的机会提供最大的诱惑，但致命伤是嬉皮士的乞丐装，引起之后像安妮荷尔一连串的脏相，人们虽然脱离了拘谨的传统，但也失去穿衣服的优雅。

六十年代

六十年代永远地吸引我们，这个动荡的时期中发生了世界最大的危机，那就是美国和苏联差点引起的一场第三次世界大战。

历史永远有两个观点，有些人认为古巴事件中的肯尼迪是英雄，因为他坚决果断；有些人觉得是赫鲁晓夫喝停飞弹，才得到和平。

对辛苦奋斗的香港人来讲，似乎是很遥远的事，他们只求温饱上进，当今大陆政治家所提倡的小康家庭，在香港已开始建立了。

还是谈点欢乐的较好：当今已是老太婆的 Jeanne Moreau 和 Romy Schneider，当年是多么青春！看照片，前者笑得灿烂可爱，后者抽烟，野得不得了。

玛丽莲·梦露赤裸身体拍一部叫 *Let's Make Love* 的戏，英国又制造了一个第二线的梦露，叫珍·曼菲。胸部比梦露还大，每次出现，非以低胸装示众不可，有时还有意无意露出乳首，当年的报纸和杂志照登，不像多年后的今天，还要打上格子。

波兰斯基拍了一部叫《魔鬼怪婴》的恐怖片，红得发紫，和名模莎朗蒂特结婚，想不到新娘在十八个月后被魔教徒屠杀，事实和片子一样恐怖，而恐怖片永远是电影的良方，拍到今天，还是用这解药救亡。

南斯拉夫的女演员 Sonia Romanoff 被狗仔队跟踪，拍了一张她没化妆的照片。她怀恨在心，看到这个摄影师就把手上的雪糕插在他脸上，也被其他狗仔队拍了。流行得三四十年的玩意儿，香港才崛起，在欧洲，狗仔队也没造成什么大的社会问题。

费里尼拍的《甜蜜生活》中也出现了狗仔队，语惊全球，变成一部世界性的卖座片。

不文山在六十年代出名，这喜剧演员每次拍照片都做一个古怪的惹笑表情。这一招，到现在还有很多女演员模仿。

迷你裙

六十年代对时装界最大的影响，是全世界都流行的迷你裙了。

直到那个时代为止，历史上没有出现过女人穿那么小块的衣服，卫道者拼命地批评，说什么传统败坏，末日将到。三四十年后的今天看来，证实了他们的愚蠢。

又有时装界先驱认为这不过是一时的流行，过几年就玩完，玩完了吗？至今天气一热，女人还是穿短过膝头的裙子上街，大不了老妈子看了翘起眉头，年轻男性翘起别的东西，也没随街乱来的现象。

还有那双致命的长靴，女人穿到现在，不管自己的腿是否粗上加粗，照穿不误，这都是六十年代惹的祸。

瘦女人和平胸女人倒是得福了，Twiggy 为她们翻了案。自从有历史记载至今，男人都因为恋母狂而爱好大奶奶，使得多少弱不禁风的女子蒙受羞耻！Twiggy 反过来害巨乳模特儿没法子混饭吃，报了大仇。

除了 Twiggy，Jean Shrimpton，Lucie De Falais，Betty Carlroux 也成为

抢手之模特儿。从前的无名英雄，终于有机会拥有个面孔和名字，当今的名模都得感谢六十年代。

小康社会开始注重名牌和名设计家，Yves St. Laurent，Mary Quant，Paco Rabanne 等等都是那年代造成的大人物。英国人也开始由 Burberry 格子牌跳出，买法国和意大利的衣服穿了。

六十年代是时装界的万花筒，只要有创意就能立足，以最多的机会提供最大的诱惑，但致命伤是嬉皮士的乞丐装，引起之后像安妮荷尔一连串的脏相，人们虽然脱离了拘谨的传统，但也失去穿衣服的优雅。

如果你想看六十年代的形象，可买 Konemann 出版的 *1960's* 一书，中英日对照。

《天乌乌》

在微博，问的多数是关于饮食，也有感情疑难，一一答之。

中间也有一些刁钻的，像有位网友问我："台湾的民谣《天乌乌》，其中说到阿公阿婆在泥中掘到的'漩鰡鼓'是什么东西？"

我回答是泥鳅，但为了求证，我还是找到台湾友人，彼方对民谣深有研究，先将原来歌词写下：

"天乌乌，欲落雨。阿公仔举起锄头仔要掘芋。

掘啊掘，掘啊掘，掘着一尾漩鰡鼓，伊呀嘿，都真正趣味。

阿公仔要煮咸，阿妈仔要煮淡，两人胡打弄破鼎。

伊呀嘿，都啷当锵当锵，哇哈哈。"

由于台湾属于四面环海，下雨相当频繁，而且雨中情景格外富有诗意，也是写作的最佳题材，《天乌乌》就是这些描写下雨旋律中，最历久不衰，是首被人们所传唱的名曲。

一般认为，《天乌乌》为台湾北部民谣，其实发源地为细雨不断的金瓜石。而金瓜石是怎样的地方?

原来是一个金矿,早年挖出不少大块金出来,后来传说已被掘完,荒废了。在日本军侵略时,也派大队金石专家去研究,结果不了了之。当今,尚有地质学家不断前往探取,Discovery 曾拍过一部有关的纪录片。

歌词中述说阿公阿婆为了泥鳅的煮法,吵个不可开交,表达了农民丰富的想象力,加上乐观逗趣的情节,令人津津乐道。

乡土民谣专家林福裕先生依据语韵将之编写,并由"幸福合唱团"首演,录成唱片。

香港人的老一辈人或者也记得此曲,是因为在六十年代,蔡东华先生引进了台湾歌舞团在港表演,所跳的舞大家已无印象,但这首《天乌乌》的旋律,十分易记,还有人哼得出来。每逢我看到天快下雨,也必然轻轻唱起:"天乌乌……"

恤衫的烦恼与乐趣

衬衫，又叫恤衫，样子很端庄；领子、袖口、中间整齐的一排纽扣，最滑稽的是在不穿裤子的时候看上去，前面两片翼，后面圆圆的一大块废布，样子古怪得很。

当然也不能全说是没有作用，它是做来防止恤衫由裤子里拉出来。可是老人家不懂这个道理，所以看粤语残片的时候，就有母亲用剪刀剪下来当手帕的场面出现，现在想起来真好笑。

六十年代的民生穷困时期，恤衫料子真差，领子和袖口永远皱皱的，怎么烫也烫不直。当年要是拥有一件"雅路 Arrow 恤"，已经当宝了。

不过外来货的恤衫不是领子太大就是袖口太长，要买到一件合身的可真不容易，胖子、矮子更不必梦想。

大家唯有订做恤衫了。那时候手工便宜，订做就订做，没什么了不起。现在呀，连工带料，做一件不上千不算上等货，订制恤衫，已是种奢侈了。

目前现买的又便宜又好，一件七八十块的可穿两三年不坏，同样的恤衫，在口袋边绣上个名牌的假货，就要卖一百二十。

一百二十的也不一定是假，同样料子，同样手工，外国名牌在香港大量生产，拿到外国去，就要卖一千多块，贵个十倍。

名牌的追求，由上述的"雅路 Arrow 恤"开始，进步一点，就是"曼哈顿"了。

但是时装方面美国人总打不过欧洲。生活水平一提高，人们都争买"庇雅·卡丹"。

"卡丹"这个厂本来蛮吃得开，后来什么东西都出，连香槟也安上这个名牌。货品大受欢迎之后，开始在大陆大量生产，便不值钱了。

目前所有名牌都出恤衫，"仙奴""丽娜·李奇""路易·左丹"、"Polo"等等，数之不清，但是并不是每家名牌的贵恤衫都好穿，像"登喜路"，他们的西装虽然做得很好，恤衫就一塌糊涂，领子袖口洗后变型，又回到皱皱的时代，刚刚学穿的那一件的样子。

自古以来，恤衫的变化并不大，最多是领子，长的、短的、纽扣的。

有一阵子，为了防止领子皱，还在领尖里面插了两支塑料签，相信还有些读者记得。

考究的时候，领尖各有一个小洞，可用一管金属的领口针穿起来，但是这种设计现代人嫌麻烦，已经被淘汰。

配"踢死兔"的恤衫最为奄尖，领子是尖尖地翘着。

"到底领花是应该结在领尖的前面，或是后面呢？"这是一个大家都在讨论的问题。

八卦周刊常刊登什么 Ball 中的什么所谓的公子穿着"踢死兔"，有的把领花将领尖压得扁扁的结在前面，有的把领尖弄成两个三角形遮住领花，谁对谁错？

都错。

领花应该独立地结着，而领尖应该略略弯弯地翘在领花的前面。这个弯，大有学问，弯得不好，便是一片三角贴在颈项上，所以要完美地弄一个角度，须用一块薄如刀片的小烫斗，烘热了以后慢慢地把领子烫成一个理想的角度，才合标准。

纽扣当然不能用普通的，金属和钻石的纽扣太过俗气，金属底，黑石面的较佳，有套古董"登喜路"的纽扣，袖纽是两个袖珍的表，还算过得去。

恤衫的料子也占重要位置。

最普通是棉制的，本来不错，但不及丝那么轻柔地抚摸着你的肌肤。

丝制恤衫很贵，也很难烫得直，混合丝比较容易处理，但已廉价得多。

最高境界是穿麻。中国人以为带孝才着麻，西方人比较会欣赏。没有一种料子比麻的感觉更好更舒服，一旦学会穿麻的恤衫，就上瘾，其他料。　　　　。　　　　。　　　　。　　　　。

。　　　　。　　　　。　　　　。　　　　。

。　　　　。　　　　　　　　　　。　　　　。

子都不肯穿了。

麻易皱，可买同样大小颜色两件，上午和下午换来穿，才算得上考究。

至于"的确凉"，唉，别提了，一流汗便像膏药一样地贴住身体。混合了腋下狐臭，哎呀呀，我的妈，三英尺之内，熏昏死人。

话说回来，什么恤衫都好，二三十块一件，穿在有自信的人的身上，和三四千一件的没有什么不同。

天下最好的恤衫，是一件干净和挺直的恤衫。

有颜色的恤衫要和西装及领带衬色才行，不然干脆穿白恤衫。

白恤衫最大的敌人是女人的口红。

请别尝试用牙刷涂牙膏去刷，绝对无效。

唯一办法是挨到天亮铺子开后买一件新的同牌货更换，恤衫领子上的口红，是永远永远洗不掉的。

也许可以将恐惧化为生财之道，设计一件印有女人口红的恤衫，赚个满钵，一乐也。

领带

西装中的领带，和袖口的三粒纽扣一样，一点用处也没有。

领带不可以当餐巾擦嘴，绑住颈项，唯一实际用途，是给八婆们拖着走罢了。

选择、购买、配色的过程，倒是乐趣无穷的。

西装已被全世界接受为男士的基本服装，领带是必需品，买了一套西装，选一条领带的观念，已经落伍。看中了领带，再衬西装才对。

走进领带商店，数百条数千条，看得眼花缭乱，但是应该挑选的，是第一次进入你眼中的那一条，要令你慢慢地考虑，还是不买为佳，购入后也不会喜欢的。

穿净色的西装，适合配一条彩色缤纷的领带；反之，有条纹的外套，就衬单调的领带，这是第一原则。

什么领带才是最好的领带？

首先，一制数千条，同样花款的领带，绝对要避免；第二，质地不能太差。

上等领带并不一定是名牌货，但是与其买条便宜的，不如投资在贵一点的。高价领带多数用人工挑线，绑了又绑，一挂起来还是笔挺，和新的一样，一用十多年。

便宜领带结了一次，皱纹迟迟不退，用过数次，已经像条隔夜油炸鬼，到后来，丢掉的领带加起来的钱，比一条好领带还贵。

名牌领带有它的好处，Mila Schon 质量最高，尤其是它的双面领带，用上一生一世，永不旧废。旅行的时候，带上两三条，便可以当六条来用，但是价钱也要双倍之多。可能是太过耐用，近来已经不常见，同厂出品领带，特色是它的边，不管多花里花绿，边总是净色，这个构思由双面领带创造，双面领带因不能折叠，所以只有用暗线内缝，有条隐藏着的边。有边的 Mila Schon 领带，价钱比一般的贵，但质地水平降落，已不堪结了。

Dunhill 的西装值得穿，可是它出产的领带设计保守不算，料子用得太厚，不是上品。Lanvin 也有同样毛病，花样倒是活泼了许多。其他名牌如 Channel，YSL，Nina Ricci，Celine 等等，偶有佳作，平均起来，皆水平不高。

最鲜艳最醒目的是 Leonard 领带，它有一系列的花卉设计，带点东方色彩，给人留下一个深刻的印象，价钱不菲，但是这种领带只能结一次，

第二回就有似曾相识的感觉，料子多好，也没有用了。

也有人喜欢结领花而不爱打领带，但是领花总给人一种轻浮、好大喜功的感觉。有位出版界的朋友就一直打领花，而且是用领夹的那种，看着极不舒服。

领花只适合在穿"踢死兔"晚礼服时打，但是不宜太小，领花一小，人就显得小里小气。

领带针曾经流行过一阵子，现在已经少有用这种小装饰，偶尔用之还是新鲜，但是横横地来一条金属领带夹，就俗气得很，高贵的有种珍珠针，扣在后面，领带前两颗简简单单的珍珠，蛮好看的。

和西装的领子一样，领带的大小最好不要跟流行，关刀一般的领子和领带，一下子就消失，细得像条绳子的也只在六十年代中出现过一阵子。适中的领带，永远存在下去，只要有西装的一天。

男人的品位，从一条领带便能看出，当然这不是价钱问题，非名牌的领带，质地好的也很多。基本上，不要太过和西装撞色就是了，没什么大道理，但连这种小节也不注意，穿牛仔裤去好了，别装蒜。

要预防结大青大绿领带的男人，这种人俗气不算，还很阴险。

买领带也不全是男人的专利，女人买领带送男人，也是种学问。通常看男友喜欢穿什么颜色的西装，就买条颜色相近的送给他好了，要是他喜．　　　．　　　　　．　　．

．　　　．　　　　　．　　．

．　　　．　　　　　．　　．

欢你，皱得像条咸鱼也照打，不然 Mila Schon 看起来也讨厌。

最高境界是当年上海的舞女，她们会叫火山孝子为她们做旗袍，冤大头以为旗袍算得了几个钱？一口答应。哪知一看账单，即刻晕掉，原来她们做的旗袍虽然只是普通的黑色绸缎，不过一做就是同样三件的早、中、晚穿，绣的是一朵玫瑰，早上花蕊含苞，中午略露花朵，到了晚上的那件，卉花怒放。

男人正要抗议之前，舞女说还有件小礼物送给你，打开小包裹一看，原来是三条同样黑色绸缎的领带，绣着早、中、晚三款相同的玫瑰的花朵，用来陪着她上街结的。火山孝子服服帖帖地把钱照付，完全地投降。

挑选领带还带有一个定律，那就是夏天要轻薄活泼的，冬天不妨厚一点，沉着一点，棉质和毛织的都能派上用场。一反此定律，不但不美观，还热个半死。

厚料子的领带，不宜打繁复的"Windsor 结"，它要三穿一缚才能打成，一打 Windsor 结，结部便像个小笼包，只能打简便的"美国结"，话说回来，Windsor 结打起来是个真正的三角形，实在好看，但是现在的人，已经没有多少人会打。

当然，穿惯牛仔裤的，连美国结也不会打的也不少，只有求助于旁人。也有人只会替别人打领带，自己不会打。这种人，多数在殡仪馆工作。

罐头音乐

正统的电影，拍完后请音乐家来看片，根据剧情和画面，写出乐谱后领导一队乐师配上主题曲和背景音乐。

初期的黑白有声电影，连低成本的也是现场录音和乐队配乐。后来为了节省开支，到彩色时代便开始用现成的唱片硬加上去。这种配音叫"罐头音乐"。

配罐头音乐的所谓大师，都是一些不学无术的家伙。深夜的粤语残片中，我们可以常听到西片《荡母痴儿》的主题曲，港台两地的国语电影也不例外，最喜欢选意大利和西部片的配在武侠片里。

最滑稽的是一部全身白服的男主角脱衣洗澡的戏，盗用当时刚刚上映的铁金刚片集 *Thunder Ball* 的音乐，配乐师说："他们那部戏冲凉的场面讲的也是同样的东西，剧情可以偷。背景音乐为什么不行？"

有一次，胡金铨的电影被配得一团糟，找配乐师理论："我那场在高山上的感情戏，你为什么把讲海的音乐也弄上去了？"

"什么海？那是悲伤的曲子！"配乐师不服气。

　　胡金铨指着歌片封面："你看，这明明写着 *La Mer*。*La Mer* 就是海的意思！"

　　"哎呀！"配乐师说，"英文我还行，想不到你用法文来唬我！"

　　后来，港产片渐渐输出外国，当地的音乐出版界看到我们那么猖狂，就恐吓着要告上法庭，大家都怕了，寻求解决路径。

　　一家叫"狄·乌夫"的英国公司提出建议，将他们现有的音乐寄到香港，选用一段，就付一段的钱购买版权，这问题才平息。岂知，你买我买，台湾人又偷，结果港台的背景音乐变成一致，熟口熟脸。

　　电影配乐有了版权，但电视片集才不管你那么多，又回到以前的偷盗。

　　节目不出远门，也没有出毛病，可惜编导监制的水平太差，最近一出清末的片清里，历史人物的女主角打开八音盒，奏出来的竟是六十年代夏萍和古柏所拍的《黄昏之恋》主题曲《诱惑》。

卡拉 OK

天下最难过的事，莫过于陪朋友上卡拉 OK。

我并不反对卡拉 OK，我只是极讨厌那些唱得难听的人。

有时也和美女同往卡拉 OK，一听到她们打开金口，杀鸡杀鸭，即刻倒胃口，从此老死不相往来。

二十多年前，当日本开始创造卡拉 OK 的时候，第一个反应便是由哪里产生这古怪名字？

友人解释："卡拉，汉字写为'空'，空手道的 Karate 也是用卡拉发音；OK，是把英文的管弦乐队 Orchesta，后半截省却掉了。"

起初只有几首流行乐曲的录音带，由喇叭箱播出，"空乐队"这个名字也的确切题。

当晚喝醉，和朋友大唱卡拉 OK，醒来之后，自己那把怪声犹然绕耳，马上发誓，从此再不扰人清梦。

返港，向朋友说："有一天，卡拉 OK 一定会在这里大行其道。"

　　　　·　　　　·　　　　·　　　　·　　　　·

　　　　·　　　　·　　　　·　　　　·　　　　·

　　　　·　　　　·　　　　·　　　　·　　　　·

　　周围的人都摇头："东洋鬼子脸皮厚，他们又有酒后高歌的习惯，所以日本流行。我们不同，我们怕丢脸，我们怕被人家笑话，怎可以当众现丑？而且，我们是一个把感情收藏起来的民族。卡拉OK，在我们这里，难于立足。不相信的话，以后你就知道。"

　　过去的十年多，卡拉OK偶尔出现，但不成气候，我有点怀疑是否给友人言中。

　　但是，我的理论是：对，我们必怕丢脸。不过卡拉OK的背后，是一种发泄的心理，也是一种最原始的自我表现方式，对于没有自信心的人，也许，这是唯一的方式。

　　卡拉OK的热潮，低沉了一阵子，跟着科技的发明，激光碟的产生，令卡拉OK有了画面之外，还在荧光幕出现歌词，人们不必一面看歌书一面唱，第二阵的卡拉OK热潮又出现。

　　这一回有如洪水猛兽，再也抵挡不住，东南亚的卡拉OK林立，现在连欧美也卷起了狂潮。

　　事情最怕没有人带头，唱得多难听已经不重要了，总之大家都唱，怕羞的人先躲在浴室中训练一下，发觉自己也有点天分，也就纷纷登场。

　　人一有钱，用什么方法去告诉人家呢？

　　先买个金劳，再去购入一辆奔驰。

所以这两种商品永远有市场。

如果你是一个平凡的人，歌唱得好，即刻能够表现自己。

卡拉 OK 和金劳奔驰的存在，同一道理。

本来，唱唱歌，舒畅一下感情，是件好事。记不记得年轻时参加营火会，合唱一曲？

长途汽车旅行，唱歌更能解闷，由冰歌罗士比、蓓提培芝、猫王、汤琼斯、披头四、白潘、尊尼雷，一直唱到麦当娜、迈克尔·杰克逊，一唱数小时，目的地已达到。

曾经有过伴奏的三人乐队，一个弹吉他，一个吹喇叭，一个打鼓，这队人由一个酒吧唱到另一个酒吧，像吉普赛人一样流浪，日本人称之为"流 Nagashi"。这种风俗后来也传到台湾，现在到北投旅馆去还有。他们也在扮演卡拉 OK 的角色。

卡拉 OK 的祖先，是黑白电影之前加插的三分钟短片，由桃丽丝黛等人主唱什么《月夜湾上》的，银幕出现优美的画面，下边有句歌词：我们出航，月夜湾上，听到歌声，像是在说：你已经破碎了我的心……歌词上有个小乒乓球，唱到哪里跳到哪里，有时歌声拉长，乒乓小白球就在字句与字句之间，震震震，再跳到下句，戏院中观众随曲合唱，气氛融洽。

现在的卡拉 OK 不同，歌者抓紧麦，像怕被剥夺赢得新秀的机会，死也不肯放手。

　　起先还听别人唱几句，后来已经是你唱你的，我唱我的。人与人之间已经没有沟通，和在迪士科跳舞一样，男女不再有任何接触，这是多么悲哀的事！

　　别小看卡拉OK的生意，要是你开一家一共有五十间房的，每间房的收入平均一小时算为五百块，加上十二小时的营业，五十乘五百乘十二，一共有三十万生意，一个月就是九百万了。

　　怪不得大家都去开卡拉OK，连餐厅夜总会也来抢生意，在房间里面安装了种种日新月异的方便设备，任挑选喜欢唱的歌曲，舞女、侍应、Captain，都要会唱歌，好像麻将馆的打手，随时应战。

　　有些国家在公众场所已禁烟，香港的餐厅能得免，但也逃不过卡拉OK，你不唱，隔壁唱，照样难听。南韩已经流行在的士中也装了卡拉OK。卡拉OK的魔掌，无孔不入。

　　到时，殡仪馆也一定有卡拉OK，人们守夜，大唱特唱，唱的是《明天会更好》，唱得难听，死人再也忍耐不住，由棺材爬起，抢了麦克风，大唱《你知道我在等你吗？》。

荒唐裤

小时候穿开裆裤，随时就地解决，快活逍遥。唯一缺点是给蚊子叮，还有鹅子鸭子看见了也不放过，追上来当虫啄，简直是噩梦。

到幼儿园便得穿短裤子。母亲还是不肯给你做条底裤，蹲下来由裤裆露出一小截，不太文雅，但是又何必在乎？

第一次穿底裤便以为自己已经是大人，骄傲得很。最初的底裤是件双烟卤，穿了起来，"小弟弟"不知道应该放在左边，或是右边，迷惑了好一阵子。

开始有紧束的冒牌 Jockey 三角裤时，已知道梦遗是怎么一回事儿，朋友叫它画地图。小伙子精力充沛，画起来是五大洲，但觉难为情，半夜起身，把弄湿的底裤掷在床底下，继续糊里糊涂睡去。

第二天醒来，记起窘事，想偷偷地拿去洗。一看，哎呀呀！惹了一群蚂蚁。他妈的，大胆狂徒，竟然前来吃我子孙，立刻捕杀。

念到初中，学校里的制服难看死了，逃学到戏院之前，先进洗手间换条新款长裤，看电影时更当自己是男主角，不可一世。

当年穿的是模仿猫王的窄筒裤，买的都不合身，多数嫌太宽，只有求助裁缝师傅，指定要包着大腿，一英寸也不多不少，穿了上来也不怎样像皮士礼，至少裤裆中那团东西没人家那么大。

料子是原子丝的确凉，拍起照片来亮晶晶反射，下半身像外星人。

原先在裤裆外有四颗纽扣，后来改为拉链，刚穿时不习惯，小解后大力一拉，夹住了几根毛，或者顶尖上的一小块皮，痛得涕泪直流，大喊妈妈。

跟着讲究叠纹。老古董裤子一共有四条折，叠纹是向内折的。新款一点的向外折，而且已经改为两条叠纹。最流行的还是学美军制服的，一条叠纹都不用。左边的裤耳下有个小袋子，已经不是用来装袋表，学会交女朋友之后，袋中可装另外一个橡皮袋，真是实用。

皮带渐渐地消失，用的人很少，但裤子照样有五个裤耳，不穿皮带时露在外面，一点用处也没有。裤扣多出一条长布条，穿皮带时盖住，也一点用处没有。

裤脚是折上的，经常有砂石掉到里面去，有时不见了一个五毛硬币，也偶然在折叠处找得回来。人们嫌麻烦，裁缝师大刀一剪，裤脚平了。以为追得上时代，哪知古董时装杂志上早就有平裤脚出现过。

喇叭裤是七十年代的宠物，裤脚越来越阔。但是名牌货给某些人糟蹋掉，穿上之后觉得太长，喇叭裤子的裤脚被剪，变成不喇叭。

裤脚变本加厉地阔，阔到盖住鞋子，配合上四英寸的高跟鞋，矮子们有福了，可惜这款的裤子只流行一两年，又被打回原形。

最不跟时代改变的只有牛仔裤。大家都穿牛仔裤，穿到现在还是乐此不疲。但是牛仔裤不是人人穿得，要有一点点的屁股才行，梁家辉穿起来好看，其他平屁股的男人穿了就不像样。

牛仔裤最好配衬皮靴，像占士·甸穿的那种，帅得不得了，试想穿上普通皮鞋或是运动鞋，翘起脚来露出一截白袜子，是多么煞风景的事。

你一条我一条的牛仔裤，大家一样，就成为了制服。人们求变，在牛仔裤上绣起花来，又钉上亮晶的铁片，或者贴上一块黄颜色的圆皮，画着一个笑嘻嘻的漫画。有些人更把裤脚撕成线，走起路来像在跳草裙舞。

这一个时期，香港人钱赚得最多。全球百分之六十的牛仔裤都是Made in Hong Kong。

法国人、意大利人看得眼红。生意都被你们这些细眼睛的黄种人抢光，那还得了！他们绞尽脑汁，结果给他们想通了，利用雅皮士爱名牌的心理，他们生产了庇亚·卡丹牛仔裤、仙奴牛仔裤、迪奥牛仔裤。

香港怎么办？也大不了什么，名牌货还不是照样在香港大量生产？而且香港人照样做名牌，赚个满钵。

时装的变迁永远是循环，可笑的。

有一阵子又流行回四条向内折叠的裤子了，正当群众花大笔钱去买名牌时，你大可以到国货公司去找旧货，包管老土创时髦，而且价钱只有十分之一。

二十世纪末，时装已越来越大胆了。你没看到报纸和杂志上经常刊登露出两颗乳房的设计吗？

女人暴露过后，男人跟着暴露，也许有这么一天，男人流行回穿开裆裤。这也好，女人一目了然地审定对方的条件，不必太花时间。

在这一天还没有到达之前，男子裤子一定会流行拿破仑式的窄裤子。大家都像舞台上的芭蕾舞舞蹈演员。

这时候，女性垫肩的潮流刚刚完毕，大家都把那两块树胶肩丢在地上，男人偷偷地把它们捡起来，塞在大腿之间，要不然，谁敢上街？

国歌

一位作家说："国歌，在平时，也许是一种仪式，但是，当国歌与国民的悲欢融汇在一起时，唱出来与听到的，便是无可形容的对国家的爱。"

得到了世运金牌，自己国家的歌被奏出来，选手高兴下泪，的确是令人感动的场面。最无聊的是某些地方，开关电视节目都来一首。这还可以忍耐，因为你尽管翘起脚来喝啤酒。但是在电影院里，奏国歌强迫外地人也要和他们一起立正个老半天，那就太过分了。

国歌节奏的快慢，旋律的悦耳与否，都代表作曲时执政者的心理，反映民族性的作品反而很少。有些国歌实在难听，人民就把自己喜爱的曲子安上去。有时，一首电影的主题曲就变成他们官方或非官方的国歌。

日本的国歌太过悲怆，虽然曲子短，很多日本人都不会唱，他们宁愿用 *Sakura Sakura*（《樱花，樱花》）的民谣来代替。

最天真的还是马来西亚的国歌，当年跟随流行由英国殖民地独立，一时束手无策，作不出什么好听的，便干脆选了一首月亮呀月亮的印度尼西

国歌，在平时，也许是一种仪式，
但是，当国歌与国民的悲欢融汇在一起
时，唱出来与听到的，便是无可形容的
对国家的爱。

亚爱情曲去当国歌，听起来反而特别有好感。

所谓的世界大同集会，常常因为政治的强弱而被迫不可用自己的国歌，我很讨厌这种现象。要是真正有困难，何不完全放弃那些严肃的曲子，奏出当地的流行曲或民歌，苏联人唱《伏尔加船夫曲》，意大利人唱《我的太阳》，德国人唱《莉莉玛莲》，美国人唱《娱乐事业是最好事业》。

有一年，在马尼拉举行亚洲影展，得胜的电影、男女主角、导演等奖状颁发，必然奏出该国的国歌。虽然参加竞选的国家没有世运会那么多，但是乐队们已经搞得手忙脚乱。

当香港宣布得奖时，他们忘记要奏什么。"三民主义……"不是，"起来……"又不是，《保佑女皇》更不像话，结果弄了一首《生死恋》的主题曲："爱情至上呀，爱情至上……"

实时翻译

    这实在是一门很深奥的学问。实时翻译者是思想交流桥梁，口译得好，能扭转乾坤，弄得不是，把事情搞得一团糟还不算，要做出闹人命的悲剧。

    有一位精通外语的朋友，做实时翻译时，把双方尖锐的暗示性攻击也播出去，结果打起架来。另一个同学，不敢将强调的重点翻译，怕得罪对方，结果连当事人也觉察他的懦弱，急得跳起："他妈的，你翻给他听嘛！一字一字照翻好了！对他说我操他的娘！"

    低能的口译者，实在令人忍受不了。曾在联合国听议会中的争论，政治家选用了最恰当的字眼，最应称的语态来陈述一个观点，结果听到的翻译，只是寥寥数语，而且词不达意。

    翻译人才除精通语言外，还要有天南地北无一不懂的基本常识。自认有些外语略能应付，但只限于文科，要是翻译理科的东西，可要人老命。

    见过的最佳翻译之一，是卜·合（即莱斯利·汤斯·霍普）到大陆去的时候那位跟随着他的口译员，他不但面目惹人欢喜，俚语又精湛，更妙．　　　　．　　　　．　　　　．　　　　．

．　　　　．　　　　．　　　　．　　　　．

．　　　　．　　　　．　　　　．　　　　．

的是，他能把卜·合的表情也翻译了出来。

外交翻译员应该是一流的货色吧。常看到国际照片的传真，有些国家的口译员虽然是语言天才，但是样子极古怪，衣物皆老土，这也会变成缺点。

中国方言太多，也须翻译。有一次看到一架中华航空公司的飞机，在花莲的跑道上差点失事，但结果安全降落，电视摄影队到现场，访问一个老太婆，她用闽语说："惊死人唷，飞机一落来，我才知道裤裆已经又流尿，又流屎。"

采访员以为不能登大雅之堂，向观众说："这位老太太说她很怕。"

南洋地方的福建粗人，更喜欢把"我"字叫成"你老父"，"你老子"的相同意思。

有个富商捐款创立大学，人家请他演讲，他说：

"你老父出很多钱，很多力给你这浪屎人仔女读书。"

被翻为："在下略献微款，希望在造福下一代！"

联合国

这是一个美好的理想。

所有民族聚集一堂，大家互相解决问题，维持世界的和平。但是，自成立以来，这世界上发生了一百三十次的武斗冲突，联合国现在变成一个垂死的老妇，什么事都做不了。

虽然如此，它还是值得一游的，在曼哈顿岛的一端占有广阔的面积，据说是洛克菲勒捐出来的。当然，这里建起了联合国，洛先生买下的周围土地也跟着变成地王。

巍然的建筑物，和巨大的会议室，在无数的新闻片和照相里出现过，你来到此地，已有似曾相识的感觉，绝对不会陌生，尤其是，你看到外边升起的万国旗。

走进大堂，气派堂皇。迫人的是，和你样貌、高矮、肌肤颜色完全不一样的人群集在一起，这时，你开始发觉这个世界大同的理想的确是很伟大。

一角，出售了联合国发行的邮票，可以在任何一个国家通用，听闻在邮票上赚的钱，帮补了联合国不少。它很穷，因为有许多会员赖账，不交会费。

在这里做事的人，持有联合国护照，可以到会员国和非会员国去旅行，要是它们让你去的话。

"五强"在巨大的会议室中互相抨击，各代表挂上耳筒听实时翻译，有时候他们讲了一大堆，换到其他语言，只变成几句。总之骂来骂去还不是那几个字眼，不如把音量转到最低。

有人说，互相攻击之后，傍晚各国代表和他们的女秘书开的派对是很好玩的。

走廊里，陈设着各国送的礼物。非洲的原始木刻人像最美，而数十支象牙拼成之雕塑，给爱护动物人士大骂。

值得旁听的是为儿童福利所开的歌唱会和科幻小说家克拉克的演讲。另外是跟着会员去吃喝的餐厅，便宜得要死。每次经过联合国，都摇头叹它的无能，花这么多人力物力，连谁是这一届的主席也没人关心。有些人建议把同一纬度的地方建一新的联合国，但结果还不是一样？不如把喜欢喝酒的人联合一起，世界更是安静。

敬祀神明

　　中国人的职业，本来说是三十六行，后来多元化，进而称为三百六十行，现在多十倍、百倍也不止吧。拿起黄页簿一查，甚至有出租尿布者。

　　过去，每一种行业的人，都祀一偶像为祖师，诸如医药业之祀神农、土木工程之祀鲁班、梨园子弟之祀唐明皇等等。

　　前一段日子，读台湾新闻，知该地之红灯则祀一只肥猪。猪哥，闽南人之所谓好色阔客，虽非什么神圣之人，但膜拜好老板，无可厚非也。

　　《玉蒲团》这本小说，一向为卫道士视为洪水猛兽，列入禁书，想不到书中所写的男主角未央生，亦为人所祀：

　　以前有位赵世伯，曾经说上海有一座未央生庙，庙中除了我们的英雄之外，还有他的好友大盗赛昆仑的泥像，香火不断。我们以为赵世伯口花花，说他捕风捉影，或是道听途说。

　　直到最近，读上海通陈定山先生所写的《春申旧谈》一书，里面果然有未央生庙的记载，而且说到此庙设在上海小东门杀猪弄。不过，市民偶过其地，必向弄内撒尿，搞得臭秽熏蒸，而偷儿淫鸨都十分诚心，奉未央生和赛昆仑为祖师，狞伧可发一笑。

书中又说，当时有一妓女，请一位文士撰了一副对联贴在庙外，文为：

此地不能小便

本房可兑大洋

这真是使人忍俊不禁之事。

在电影圈混了多年，每每看到一片开镜之日，所有工作人员都聚集一处，奉烧猪生果香烛，三跪九叩首，就地膜拜，求神明保佑，使全片拍摄顺顺利利。近日电视片集开拍，亦依此惯例。

但是，所拜神明何许人也？皆颇含糊。祀发明者之一的伊士曼·柯达，或大师格里菲因，或爱森斯坦？彼等皆为洋人，中国人之祀一个番佬，似有点滑稽，应该祀的是费穆吧。

至于散文和小说，应祀何人？有待诸前辈稽考。

买菜的艺术

广东道和奶路臣街之间的旺角市集是我最喜欢去的一个菜场。

不要误会，我指的并不是政府建的那座菜市而是街上的和路旁的小店铺及摊档。第一，它有个性，摆到道路中央，警察每天来抓，等他们走后，小贩摆满货物，大做其生意。

买菜，是一种艺术，和烹饪是呼应的。好厨子不规定今晚要炒些什么，看当天有什么新鲜或新奇的材料，就弄什么菜。

当然，无可选择的酒楼师傅又另当别论，而且，菜色一商业化，就失去了私人的格调和热爱，也是极可悲之事。

怎么样能买到好材料呢？以什么水平评定它的优劣？

这都要靠经验和爱好，没有得教的。

像一个当店学徒，他不是一生下来就会鉴定一件东西的好坏和价值，必要多看，多吃亏，最后才能成为高手。

到菜市场去逛一圈，就像去了字画铺，像进去一个古董拍卖场，必须

从容不迫，优闲地选择。

　　最贵的材料并不一定是最好的。比方说猪肉吧，猪排、梅肉条等部分价高，但是一只猪最好吃的方位包围在肺部外层，俗称的"猪肺捆"。它的肉纤维短而幼细，又略带肥肉和软骨，味浓而香，是上上肉，也是价钱最低微的肉。炒、红烧等皆可，滚汤更是一流。

　　煮完捞出来切片，蘸浓酱油和大蒜茸，美味无比，试试就知。如遇新鲜者，择而购之，肉贩都会称赞你。

　　在市场游荡之间，忽然，你的眼中一亮，因为你看到一种新鲜得发光的材料，那你的脑中即刻计算要以什么菜去陪衬它后，便要狠狠下手去买，贵一点也不成问题。

　　菜市场的菜，贵极有限，少打一场麻将，少输几场马，少买几张六合彩，已经足够你要买任何一样东西。

　　逛菜市场是最享受的时候，有如追求女人。等到下手去买，便等于上了床。

忘记

读到泰国高僧坐关，以求捐款建筑佛庙事，非常感动。但是后来演变成与当地寺院争执，被六个大汉强拉出来，又在食物中下泻药，双方互曝丑闻。整件案子复杂得很，不管谁对谁错，已显出大家关心的不是佛。

日本有位庆应大学毕业的禅宗主持人，前一阵子看不开，自杀了。做了和尚后还有什么看不开的？我真不明白。

韩国的和尚和尼姑吵架，把她的头给打穿了。虽说佛也有火，但是打女人总不是男子的行为。

我认识的僧人，有些炒地皮、买股票，更有的是客串性质，凡遇做法事不够人手，就把他拉去充数，还有一个经常戴假发，乘奔驰车去逛酒吧，另一个身边时常有白嫩的少年追随。

当然，这是和尚之中较少数的分子，我敬佩的高僧不少，而且影响到我的人生观。

上述的几件，其实也没有什么好大惊小怪的，只是因为他们是和尚，

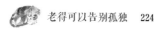

而我忘记了和尚也是人。

看电影，只喜新闻和外国长片。

白天的那位中文节目的报道员长得真是端庄，戴个眼镜，着实诚恳，不卑不亢的态度，的确惹人喜欢。

到了晚上英文台的那个，"尊容"就不敢领教了，小眼睛，大口，一微笑，牙齿一根、两根、三根到二十几根，却不整齐。其实美丑并没有一定标准，但最基本的是做新闻报道员语言要标准，口齿要清晰，这位小姐没有具备这两种条件。但是，我又忘记了。

我忘记她也是人家的女儿，她的父母兄姊从小看到她长大，自然是可爱。

她能在众高级职员挑选之下担任这个职位，必定有她的存在价值，我个人的主观并不可以代表群众。

也许，长时间下来，我会改变对她的印象，她会逐渐成熟，改进，变得越看越亲切，越看趁顺眼。有许多刚入行的演员，起初还不是丑得不得了。我想，在很多类似的情形下，男人才能娶得到老婆。

气功

　　遇见几个老朋友，话题一转谈到气功，竟然大家都练过，滔滔不绝地发表他们学习过程和它的功效。

　　某某人患胃病，学了气功后治好。同学太太的失眠症，不用服药而痊愈。我听得入神，心里蠢蠢欲试。

　　听说最容易上手的是"自发五禽戏动功"这一门。我以前也看到一位仁兄示范，有点像东方催眠术。什么奇难杂症都被医好，一定是有道理的。我想。

　　我也相信的确有气功这回事，并且知道有一天必然去练。不如现在就开始吧，正这么想的时候——

　　"嘿，我的师父在北京一动气，上海的师兄身体马上感应摇动！"朋友这么一说，又把我的信心抛到九霄云外。

　　最怕的是这些过分夸大的荒谬的理论，我根本不能接受。恢复疲劳、治病、令人平静，是我认为有可能的事，但是忽然间说练到一个阶段，灵魂就可脱离躯壳神游，目前听来还是天方夜谭。

姑且信其有吧。我向自己说，以前的一位顾主也告诉我说，手当中发出一股气，用手掌挡之，便觉得像冷气机喷出的气流，离远远的也能感受到，我也相信了。

"那练气功要什么条件？"我问。

"有三，"他回答："第一，要戒烟三个月！"

"行！"我点头。

"第二，要戒酒三个月！"他强调。

这有点难于接受，不过，为了要乘鹤神游，有何不可牺牲，便再大声喊："行！"

"最后，要三个月不近女色！"他说。

"算了，算了！"我摇摇头。所以到现在不能过三关，手掌也喷不出气来。

契兄黄汉民说："我练气功已久，一直没有成绩。一天，忽然感到手掌一麻，知道气已经来了，这股气一直向上伸，麻麻痒痒地爬到肩膀上，停下来，我怕再也找不回这股气，便用手去按，一看，原来是一只蚂蚁！"

毛病

试想，我们在飞机上，睡不着觉，不想看书，对电影电视及音乐没有兴趣，吃东西又没有胃口，做些什么好呢？尤其是那十几个钟的长途飞行，如何挨过？

最好是玩计算机，和友人通通讯，搜查一些新知识，时间很快就过。

当今，你的座位旁边有个插座，是为手提电脑充电而设，玩起什么星球大战的电子游戏固佳，写作亦行，可惜有一个最大的毛病，那就是上不了网。

为什么在半空中不能有这种服务呢？会不会是干扰航空运作？记得上飞和下降时，空姐都关照不许用电子产品呀。

当今的科技，是绝对没有安全的担忧，在空中上网，只要航空公司肯装上一个 Wi-Fi 系统，就像 Starbucks 那么简单。

用的是人造卫星，当然得付费，但羊毛出在羊身上，向乘客索取好了，相信他们也不会计较，尤其是在闷得发慌的时候。

其实，早在十多年前，德航已经开始过这种服务，后来不知为何停止，可能是讯号未够完善，近来听说要恢复。

　　几乎所有的美国国内航班都装上 Wi-Fi，为什么东方的国泰和港龙那么大的一个机构还没有呢？

　　上了网，还可以用 Skype 来通免费国际电话，那更是一举数得了。当然希望早一天实现，但实现了，噩梦又要开始。

　　有过坐直通车到广州的经验就知道，许多所谓的国内大亨，在车上大声向手下呼喝，那种声音的污染，是很难受得了的。

　　这又要延伸到日本去，他们在火车上是绝对不用手机通话的，若有急事，也会自动走到车厢与车厢之间的空位去小声对话，那是基本礼貌，绝对要遵守才行。

　　日本人对这种礼貌根深蒂固，所以他们最早发明用电话发短讯，一切联络，在默默中进行，电话的按键训练得非常纯熟，甚至令年轻人不会用笔写字，毛病也大。但说什么，也好过噪音。

来自香港

日本人在最高峰时，在世界最富有的国家中，排行第二。日円高企，将纽约的洛克菲纳广场都买了下来。那时，他们个个挥金如土，好不威风。

当今，学广东人说：没有这只歌仔唱了，经济泡沫一爆，就爆了二十多年，不管换过多少政府，搞不好就是不好，一点也无起色。

近年来更行衰运，汽车出口业出了毛病，电子业又被韩国追上，新上任的首相又说要加消费税至百分之十，人民生活苦不堪言。

救星来了，是中国游客。

二〇〇九年，四十八万一千六百九十六名大陆客杀到，比二〇〇七年高出百分之二十来。这几天又说要放宽，凡是拥有金卡的人（年薪六万人民币者）都可以领到签证，这和数年前的只限团体游客有很大的分别。那时候，年薪二十五万人民币才够资格申请。

也难怪，记得有件趣事，十多年前有一队旅行团，到了日本，旅客都逃掉，当黑市移民去，后来弄得领队也失踪，在日本打工去也。

薪水的高昂，令到日本乡下也用很多所谓的大陆留学生，在我们去的温泉旅馆，都遇到一两个国内人士。大城市更多，从小食肆到银座的酒吧。

这些人忽然找到别的工作，那就是到各购物中心和秋叶原的电器行，当售货员兼翻译去，为了应付这些"阔客"。

和香港看到的一样，拿着大叠一万圆的日币，眉头也不皱一下，买大量的化妆品、手表、电动玩意和高级数码相机，就算国内买得到的，他们也认为土产货较为可靠。

有了金卡，现款用光了也可以在自动提款机拿钱，据住友银行的统计，升长率达到十倍，由二〇〇七年的两千亿，到去年的两万亿。

付什么代价？当然是要忍受顾客的嘴脸。由一个最有礼貌的民族来接待不排队的客人，在地铁大声讲电话的客人，到处喧哗的客人。

"啊，先生，您是什么地方来的？上海？北京？"总有人在东京或大阪这么问我。

当你说来自香港，对方脸上的笑容，灿烂得多。

问题

又有杂志要来做访问。大家以为是不必给钱的，你要出名嘛，我们为你宣传，不向你要已经算是客气。

其实，对于一个以写作换酬金的人，挖空他们的灵感而没有收入，是一件非常不公平的事，马克·吐温也有类似的话说过。

不过为取得心理平衡，我还是以问题当成写这篇东西的题材，赚一点稿费。为避免贪财之嫌，今后酬劳当成捐款，任何慈善机构都行。问题如下：

一、若要选择一个最值得去的地方，是何处？选择这个地方的原因是？

答：西班牙的依碧莎（Ibiza），一个嬉皮士的坟墓，一个白沙碧海，生活悠闲的小岛，就在巴塞隆纳对面，可以洗涤心灵的地方。

二、对这个地方有没有任何的旅游贴士，例如哪个季节去最好？

答：四季如春，什么时候去都好。

三、这个地方带给你的回忆是？

答：啊，我最爱这个故事，重复了又重复。大清早，我遇到一个老嬉皮在钓鱼，海清澈见底，看他面前游的是小鱼，旁边有更大的，向他说：喂，老头，那边的鱼更大。他回答说：这位先生，我钓的是早餐。

四、当地会不会给你带来一些灵感？和香港的民风有何不同？

答：已经在上个问题回答了。

五、对住宿有没有特别要求？

答：到了那种像仙境的地方，随遇而安。

六、喜欢拍照吗？用什么相机？

答：当今在微博上有网友要求照片，我只好用 iPhone 拍了传出去。

七、若重访，最理想是和什么人一块去？

答：一个美丽、聪明和有幽默感的女人，岁月和沧桑，都不在她脸上留下任何痕迹。

网友

不必避忌，我们这群写作人，都有强烈的发表欲。

就算你是一位所谓的"纯文学"作者，虽然曲高和寡，到最后，也希望有个伯乐，不然写来干什么？

既然要写，当然认为愈多人看愈好，我最近还写一种叫"微博"的玩意儿，愈玩愈带劲，有点不能自拔。

为什么要上"微博"？又是怎么一个东西？计算机上发明了"博客"，要发表长篇大论的文章，我一点兴趣也没有，这与我性子急有关，如果写，干脆赚稿酬，何必做免费的无聊事？

微博不同，只要一百四十个字，很适合我这种人，当西方有了Twitter，我就想参加，但始终我是以中文书写的人，希望以母语发表。

许多类似的网站出现，国内管制森严，因为它能成为一股力量，都被禁。

最后只剩下几个，其中之一就是"新浪网"的微博了，但还是要经过

注册，可以查明来源，方能生存下来。

我一开始参加，就讲明不谈政治，专攻美食和生活方式，这样也可以省掉许多唇舌，不必和政治观点不同的人，做无益辩论。

看微博的人，叫粉丝，他们可以在网上加入"关注"一栏，那么以后我发表的任何文字，都会自动跳到他们的网页上。

对粉丝这个名称我不以为然，宁愿称诸位为"网友"。我的网友，都是一个个赚回来的，得来不易。

第一，我相信要做什么，就要做得最好，我的微博网站，虽然做不到，但是我是一个最勤劳的发表人，至今发出的短讯，已经有一万一千四百九十四条。

第二，而网友人数，从数十到数百，二〇〇九年十二月十四日开始，慢慢储蓄，几百变几千，几万，至写稿的这一刻，正式数字，有三十八万二千五十八。

问候

微博是用来发表自己的意见，这是自言自语，我最不喜欢。

和各位沟通的渠道，最好莫过问与答。经常做公开演讲，与其发表自己的意见，不如问大家想听些什么。

问题愈短愈佳，愈尖锐愈是精彩，我的回复也尽量简洁扼要，那么一来，像一个球，你抛给我，我扔回去，非常互动。

以同样方式要求网友，结果提出的问题无数，大多数都很有趣。

总括起来，问题分四大类：饮食、感情、人生疑难以及毫无意义的闲聊，这也是我最喜欢的。

我对年轻人的态度总是爱护，又多加正面鼓励，当然不是心灵鸡汤之类的说教。一谈到吃的，有些人说这些我们都无法享受，你有钱，你就好了，要吃什么就吃什么。

我也不生气，回答我已经很老，你们到了我这个年龄，会比我强。我年轻时也经过奋斗，才能享受到成果。

问到感情，我劝说把问题简单化，A君B君，选其中一个，别后悔，烦恼即消。最先进的计算机，答案也是由正与负挑选出来的结果。

不过有人总是但是，但是，但是……

我即回复，太多但是，精力都被负面的意见吸尽，请别纠缠。

闲聊中，我向网友学习到的也不少，也知道大家的想法，只是，我觉得比年轻人更年轻。至于什么叫快乐？有了辛苦，才感到快乐，天天是礼拜日，就不知星期天的快乐。

网友都很和善，有些非常聪明勤力，我很爱他们。素质参差，倒是避免不了，遇到有些井底之蛙，或是夏虫，不作答就是。

也有出言不逊的，一开头就粗口问候，我也回答，说故事给他们听：

有一次和倪匡兄去澳门，遇同样对待，倪匡兄说："我很老，我妈更老，不适合你。你年轻，你妈较适合我。"

新出图证（鄂）字03号

图书在版编目（CIP）数据

老得可以告别孤独 / 蔡澜著. — 武汉：长江文艺出版社，2013.6
（蔡澜的乐活人生）
ISBN 978-7-5354-6609-9

Ⅰ.①老… Ⅱ.①蔡… Ⅲ.①小品文 – 作品集 – 中国 – 当代
Ⅳ.①I267.3

中国版本图书馆CIP数据核字（2013）第070760号

选题策划：姜应满　　　　　　　　特约监制：王　平　姚常伟
责任编辑：吴　双　　　　　　　　特约支持：刘杰辉
装帧设计：Yellow Lemon　　　　　插画作者：苏美璐

出版：长江出版传媒　　　　　　　地址：武汉市雄楚大街268号
　　　长江文艺出版社　　　　　　邮编：430070
发行：长江文艺出版社
　　　北京时代华语图书股份有限公司　（电话：010-83670231）
http://www.cjlap.com
E-mail：cjlap2004@hotmail.com
印刷：北京盛源印刷有限公司

开本：690毫米×980毫米　　1/16　　印张：16.25
版次：2013年6月第1版　　　　　　2013年7月第2次印刷
字数：150千字

定价：35.00元

看得开
放得下. 提
人生

蔡澜

杨雨凡

杨雨凡

yuyu

陈桂佳

熊悦廷 蔡澜

活,该快乐着

曾馨

祝心想事成
万事如意！

Ipod
iPod

SAMSUNG
Galaxy
S5